Tatiana Bukstein Vainboim
Suely Kazue Nagahashi Marie
Maria Helena Pereira Franco

Qualidade de vida dos prestadores de cuidados a doentes com Glioblastoma Multifo

Tatiana Bukstein Vainboim
Suely Kazue Nagahashi Marie
Maria Helena Pereira Franco

Qualidade de vida dos prestadores de cuidados a doentes com Glioblastoma Multifo

Programa psico-educativo

ScienciaScripts

Imprint

Cover image: www.ingimage.com

This book is a translation from the original published under ISBN 978-620-2-05966-4.

Publisher:
Sciencia Scripts
is a trademark of
Dodo Books Indian Ocean Ltd. and OmniScriptum S.R.L publishing group

120 High Road, East Finchley, London, N2 9ED, United Kingdom
Str. Armeneasca 28/1, office 1, Chisinau MD-2012, Republic of Moldova, Europe
Printed at: see last page
ISBN: 978-620-7-89843-5

Tradutor

Alessandra Natrielli Gerhardt Guimarães

Dedicação

Para a minha mãe (in memorian),

O vosso amor, encorajamento e confiança deram-me força ao longo desta viagem

A vossa luta pela vida fez-me acreditar que vale a pena viver!

Ao meu filho João, a melhor prenda que a vida me deu,

Que eu seja sempre uma fonte de inspiração para que ele possa trilhar o caminho da retidão.

AGRADECIMENTOS

À minha família, pelos ensinamentos partilhados e por me ter mostrado a importância de gostar de estudar.

À minha orientadora Prof.ª Dr.ª Suely Kazue Nagahashi Marie, por partilhar a sua vasta experiência e conhecimentos. Além disso, pelo seu apoio nos momentos mais difíceis.

À Profª. Drª. Maria Helena Pereira Franco, por todo meu aprimoramento e aprendizado na área, e por ser fundamental na construção deste trabalho.

Ao Dr. Flávio Key Miura, por sua competência, orientação, incentivo e apoio desde o início deste trabalho, esclarecendo todas as minhas dúvidas.

À Alessandra Oliveira Ciccone, psicóloga colaboradora, pelo inestimável apoio profissional, disponibilidade e ajuda nos momentos difíceis.

Ao Prof. Dr. Paulo Henrique Pires de Aguiar, pela confiança, incentivo e rica contribuição no exame de Qualificação.

À Profa. Dra. Eliane Correa Miotto e à Profa. Dra. Maria Julia Kovacs, pelas inestimáveis contribuições no Exame de Qualificação.

Ao Dr. Clemar Correa da Silva, pelo estímulo e confiança no meu trabalho.

Ao Prof. Dr. Milberto Scaff, pelo incentivo, apoio e dedicação à minha tutoria profissional.

À Profª. Drª. Elisa Maria Parahyba Campos, Clarice Guimarães e Prof. Dr. Avelino Luiz Rodrigues, por compartilharem seus conhecimentos, que foram fundamentais na minha formação, pela amizade e apoio.

À querida Sra. Dirce, voluntária do Grupo de Tumores Cerebrais, pela consideração, gentileza, amizade e dedicação, e por ter disponibilizado uma sala no ambulatório para que eu pudesse me reunir com os pacientes.

À Profª. Yara Pisanelli Gustavo de Castro, pela orientação estatística minuciosa.

Às minhas grandes amigas do Laboratório *LIM-15*: Celia Miyagui Kazuko, Ester Bertoldi, Fernanda Possas, Gisele Reis, Maria Jose Ferreira Alves, Mussya Rocha, Priscila Oliveira de Carvalho, Renata de Luizi Correia, Roseli da Silva e Thais Galatro, por todos esses anos de amizade, cooperação, incentivo e apoio.

À querida Miyuki Uno, pela sua amizade e ajuda na criação de gráficos e na apresentação final do trabalho.

À Dra. Sueli Mieko Oba-Shinjo, por se preocupar e ajudar.

Aos residentes de Neurocirurgia, por terem ajudado a recrutar os doentes.

Ao Prof. Dr. Ricardo Nitrini, pela oportunidade de realizar este trabalho no Departamento de Neurologia da *FMUSP*.

À Thais do Nascimento Figueira, secretária da Pós-Graduação em Neurologia, pela consideração, sempre disposta a ajudar em qualquer momento.

Às queridas amigas da Sociedade Brasileira de Psico-Oncologia: Rita de Cassia Macieira, Rosane Palma e Vera Bifulco, pela fé, motivação, oportunidades e amizade, acima de tudo.

À querida amiga Camila Batista dos Santos, neuropsicóloga, pela ajuda, carinho e convite para ministrar aulas no curso de especialização em Neuropsicologia do *INESP*.

Aos queridos amigos neuropsicólogos: Aluızio Silva Jr., Cleide Lopes de Azevedo, Melissa de Almeida Rodrigues Machado e Valeria Serrao, pela troca de experiência, amizade e interação profissional.

Aos meus queridos amigos da *USP*: Adalberto Pastana Pinheiro, Alex Cassenote, Elisabete Marin Ribas, Patricia Mara, Ronaldo Lopes Coelho e Walter Lisboa, pelos momentos de apoio, discursos e convivência calorosa.

A Marlene Inácio e Niraldo de Oliveira Santos, pelos ensinamentos, amizade e incentivo desde o início da minha vida profissional.

À Fátima Rodrigues, minha psicóloga, por ter podido partilhar todos os obstáculos e problemas vividos neste período.

À minha querida amiga Alessandra Natrielli Gerhardt Guimarães, pela amizade e ajuda com a versão em inglês.

A Denise Sanematsu Kato, pelo interesse, profissionalismo e ajuda com os resumos em inglês.

A Elaine Rizzo, por ter ajudado a fazer os posters apresentados nas Conferências.

Ao Rodney Franco de Lima, pela ajuda no tratamento da informação.

À *CAPES* pelo apoio financeiro.

Aos cuidadores que participaram neste estudo, por terem assistido às sessões e terem permitido tanta aprendizagem. Ficar-vos-ei eternamente grata!

A todos da equipe do Centro de Diálise do Hospital Albert Einstein. Em especial, à Sra. Maria Claudia Cruz Andreoli, pelas dicas de informática, amizade, carinho e interesse.

Às pessoas mais que especiais: Adelia Rocha Lopes, Alexandra Teixeira Eaton, Aline Leao, Ana Claudia Roma, Ana Carmen de Freitas Oliveira, Ana Lucia Ceceli, Ana Maria Nakaza, Andre Rieckmann, Bia Saldanha, Carlos Rieckmann, Claudia Yoshinaga, Claudio Lottenberg, Eliana Marques Lisboa, Fabio Roberto de Paula Galleti, Fernando Thompson, Guilherme Pereira, Ida Sztamfater, Julia Schmidt Maso, Larissa Soares Guaitoli, Maria de Lourdes Pugliese, Mariangela Fusco Abrao, Patπcia Oda, Raquel de Freitas Oliveira, Renato Pugliese, Roberta Fasano, Roberta Lobato Paim Cunha Munoz Cury, Sandra Rodrigues de Oliveira, Simao Lottenberg, Simone Gomes Domingues de Souza, Sueli Martini, Suely Bloch e Vinicius Mendes Leal. Vocês trazem alegria para a minha vida!

A Deus por me ter dado força para continuar e por me ter abençoado com pessoas importantes que influenciaram a minha vida.

"O sofrimento só é intolerável quando ninguém se importa."

Dame Cicely Saunders

ÍNDICE DE CONTEÚDOS

Capítulo 1	**8**
Capítulo 2	**10**
Capítulo 3	**30**
Capítulo 4	**31**
Capítulo 5	**37**
Capítulo 6	**71**
Capítulo 7	**78**
Capítulo 8	**79**

Capítulo 1

1. INTRODUÇÃO

Nas últimas décadas, a Psico-Oncologia tem vindo a expandir a assistência a doentes com vários tipos de cancro. É o ramo da Psicologia da Saúde que se dedica a estudar e a lidar com doentes oncológicos, visando os aspectos psicológicos implicados no desenvolvimento e tratamento da doença, incluindo as suas ligações familiares e sociais.

Os doentes com cancro neurológico são conhecidos por terem a sua saúde e qualidade de vida profundamente afectadas por uma ameaça à sua independência e sobrevivência. O tempo que lhes resta é limitado, independentemente dos tratamentos. No entanto, este facto não elimina a possibilidade de o doente exprimir os seus sentimentos e opiniões sobre as decisões clínicas. O apoio psicológico a estes doentes não aumenta necessariamente a sua esperança de vida, mas pode satisfazer as suas necessidades psicológicas, levando a uma melhoria da sua qualidade de vida.

Uma vez que a família e os cuidadores do doente "adoecem" juntamente com o doente, a Organização Mundial de Saúde (1990) considera-os um "grupo de cuidados". Este facto leva à inclusão dos familiares no processo de assistência, uma vez que não são vistos apenas como cuidadores, mas também como doentes de segundo grau. A ajuda psicológica às famílias é fundamental, uma vez que estas são apanhadas de surpresa pela doença, estão sobrecarregadas com novas tarefas, têm medo e estão angustiadas. Uma boa comunicação entre os doentes e as suas famílias e/ou prestadores de cuidados é extremamente importante para todos, incluindo a equipa profissional.

Outro elemento importante que afecta toda a família quando um dos seus membros adoece é o luto antecipatório, que, nesta altura, agrava o stress familiar. A expressão "luto antecipatório", criada por Lindemann (1944), refere-se à reação de luto que ocorre antes de uma perda iminente. Costa Torres (2001) enfatiza que o luto antecipatório começa no momento em que a morte é percebida como inevitável, trazendo a miséria e a agonia da separação.

O assunto despertou o interesse da autora ao observar - na Unidade de Tumor Cerebral do Departamento de Neurologia da Faculdade de Medicina da Universidade de São Paulo - a metodologia de atendimento, os aspectos clínicos, os sintomas e sinais, o tratamento e a assistência prestada aos pacientes com tumor cerebral. Foi possível, então, detetar a necessidade de implantação de um serviço psicológico nessa unidade, através da criação de um programa psicoeducativo para os cuidadores, onde eles pudessem ser ouvidos e receber apoio, além de aconselhar, esclarecer, orientar e melhorar a relação entre pacientes e cuidadores.

O objetivo deste ensaio é identificar e compreender as características psicossociais dos cuidadores não profissionais de pacientes com glioblastoma multiforme, através de instrumentos acadêmicos e técnicas específicas, e desenvolver ações que possam promover uma melhor qualidade de vida para os pacientes e seus familiares.

Ao longo deste livro serão abordados: aspectos clínicos dos tumores cerebrais, Psico-Oncologia, luto e luto antecipatório, a família dos doentes oncológicos, qualidade de vida em oncologia e a intervenção psicoeducativa.

Capítulo 2

2. REVISÃO DA LITERATURA

Os tumores cerebrais são de grande importância para a neurologia e a oncologia.

O termo tumor, segundo o Dicionário Houaiss da Língua Portuguesa (2001), significa um crescimento anormal, descontrolado e progressivo de tecido (neoplasia), que pode ser maligno (canceroso) ou benigno (não-canceroso).

2.1 Aspectos clínicos dos tumores cerebrais

Um tumor cerebral primário é um tumor que tem origem no cérebro. Na maioria dos casos, os tumores primários são gliomas, que crescem a partir de células gliais - células de suporte do sistema nervoso central (Manual Merck, 2006).

Os gliomas representam mais de 60% dos tumores cerebrais primários (Ries at al., 1991; Kleihues et al., 2000; Louis et al., 2007). Louis et al. (2007) padronizaram a classificação dos gliomas, tal como indicado pela Associação Mundial de Saúde (2007). Os gliomas mais comuns são os astrocitomas. Eles podem ser divididos em quatro tipos, dependendo de sua agressividade. São eles:

- **Grau 1 - Astrocitoma Pilocítico**

Trata-se de um tumor benigno, mais frequentemente encontrado em crianças com mais de 5 anos de idade, mas também pode ser encontrado em adultos. A cirurgia é o tratamento de eleição e, de acordo com a OMS, é improvável que este tumor regresse após ser removido cirurgicamente (Louis et al., 2007). Não há necessidade de radioterapia ou quimioterapia adicionais quando se obtém uma ressecção total (Berg et al., 2003; Collins, 2004; National Cancer

Institute, 2005).

- **Grau II - Astrocitoma de baixo grau**

A incidência de astrocitomas de baixo grau é maior em adultos jovens do sexo masculino, com um pico entre os 30 e os 40 anos de idade (Louis at al., 2007).

Os sintomas mais comuns são dores de cabeça e convulsões. É considerado um tumor de crescimento lento no início, o que leva a uma sobrevida de 10 anos após o diagnóstico. No entanto, em alguns casos, o tumor pode evoluir para padrões mais agressivos e piorar o quadro clínico do paciente ou causar a recorrência da lesão. A cirurgia é o tratamento de escolha. A radioterapia e a quimioterapia têm sido utilizadas em alguns casos, mas sem sucesso frequente, uma vez que a proliferação celular é lenta, como já foi referido. Exames de acompanhamento, preferencialmente a ressonância magnética, devem ser realizados a cada 612 meses para monitorar a recuperação ou uma possível recidiva ou transformação do tumor em maligno (Berg et al., 2003; Collins, 2004; National Cancer Institute, 2005).

- **Grau III - Astrocitoma anaplásico**

A anaplasia é um tipo de transformação neoplásica que torna o tumor mais agressivo. As suas células proliferam mais rapidamente. Estes tumores ocorrem mais frequentemente em adultos do sexo masculino, com uma idade média de 41 anos (Louis et al., 2007).

A cirurgia continua a ser a melhor opção de tratamento e deve ser o mais alargada possível. Existe uma relação direta entre a taxa de ressecção do tumor e o tempo de sobrevivência, estando as ressecções mais amplas e radicais associadas a um tempo de sobrevivência mais longo. A radioterapia e a quimioterapia são tratamentos habituais após a cirurgia. A esperança média de vida após o diagnóstico é de três anos (Berg et al., 2003; Collins, 2004; National Cancer Institute, 2005).

- **Grau IV - Glioblastoma Multiforme (GBM)**

É o tumor cerebral mais comum, representando entre 12-15% de todas as neoplasias intracranianas em adultos, e 50-60% de todos os gliomas (Lantos et al., 2002). É o cancro mais agressivo que se inicia no cérebro.

O GBM pode começar como um tumor cerebral primário, denominado glioblastoma de novo, ou desenvolver-se a partir de um astrocitoma de baixo grau já existente ou, mais raramente, a partir de um oligodendroglioma (Berger & Scheithauer, 1993; Osborn, 1994; McLendon et al., 1998; Kleihues & Ohgaki, 1999; Atlas, 2002; Ohgaki & Kleihues, 2007).

O GBM pode ocorrer em qualquer idade, mas tende a ser mais comum em adultos, maioritariamente homens entre os 45 e os 70 anos de idade; o rácio entre homens e mulheres é de 3:2 (Davis & Preston-Martin, 1998; Kleihues et al., 2000; DeAngelis, 2001; McKinney, 2004).

Após o tratamento padrão, que inclui ressecção cirúrgica, radioterapia e quimioterapia, a esperança de vida dos doentes com GBM é de 10-12 meses (Kleihues et al., 2000; Holland, 2000; Ohgaki & Kleihues, 2007).

Os doentes com astrocitomas de alto grau (astrocitoma anaplásico e glioblastoma multiforme) geralmente não respondem bem ao tratamento, e a maioria dos doentes recidiva mesmo quando é efectuado um tratamento adjuvante. Estes doentes têm uma baixa esperança de vida, que varia entre 5-10% em cinco anos (Finlay et al., 1995; Wisoff et al., 1998; Davis & Preston-Martin, 1998; McLendon et al., 1998; Kleihues et al., 2000).

Os doentes com tumores cerebrais apresentam normalmente sintomas clínicos relacionados com hipertensão intracraniana ou convulsões (Osborn, 1994; Atlas, 2002). Podem apresentar sintomas e sinais gerais ou focais. Os sintomas e sinais gerais incluem dor de cabeça, náuseas ou vómitos e alteração do nível de consciência.

Os défices neurológicos focais estão relacionados com a topografia e a extensão da lesão (Prados et al., 1998; Durmaz et al., 1999; Atlas, 2002; Grant, 2004; Davies & Clark, 2004; Stark et al., 2005). Os efeitos da doença, somados aos efeitos colaterais do tratamento, prejudicam gravemente a cognição, especialmente as funções de memória, linguagem e atenção (Fox et al., 2006).

Como afirmam Silva et al. (2007), nos serviços de Neuro-Oncologia, muitos dos pacientes examinados não apresentavam sintomas neurológicos ou cognitivos e, por vezes, ao serem submetidos à radioterapia e/ou quimioterapia, alterações cognitivas, muitas vezes não relacionadas ao tratamento em si, podiam ser observadas em alguns casos. Nestes casos, os doentes podem já ter tido alterações cognitivas ligeiras, detectáveis apenas através de exames neuropsicológicos. É importante avaliar as funções cognitivas dos doentes com tumores cerebrais para ajudar a escolher a melhor forma de tratamento, bem como para orientar os doentes e as suas famílias no planeamento das suas actividades diárias.

A incidência e a mortalidade por tumores cerebrais vêm aumentando nas últimas décadas em diversos países, inclusive no Brasil, principalmente entre os idosos. Monteiro & Koifman (2003), afirmam que a taxa de mortalidade por essa neoplasia passou de 2,24/100.000 para 3,35/100.000, um aumento de 50%. Os autores referem ainda que os tumores cerebrais representavam 3,4% de todas as mortes por cancro em 1980 (2.098 em 61.253 mortes) e 4,4% em 1998 (4.960 em 110.765). Pereira & Koifman (2001) atribuem esse fato à melhoria do diagnóstico das neoplasias cerebrais, aos efeitos do processo de urbanização do Brasil e às mudanças no acesso aos serviços de saúde.

2.2 Psico-Oncologia

O termo Psico-Oncologia é formado por: *psico* (de psyche = mente), *onco* (do grego onkos = tumor) e *logia* (o estudo de).

Jimmie C. Holland, psiquiatra fundador da área, iniciou em 1977, no Memorial

Sloan-Kettering Cancer Center, em Nova Iorque, um programa de assistência, investigação e formação em Psicologia e Psiquiatria. Realizou um estudo, através de questionários, para recolher dados sobre aspectos e comportamentos físicos, psicológicos, sociais, sexuais e profissionais de doentes com cancro, comparando-os com os de indivíduos sem história de cancro. O seu trabalho estabeleceu as bases da Psico-Oncologia e ajudou-a a alcançar o estatuto de subespecialidade com a fundação da *Sociedade Internacional de Psico-Oncologia* em 1984.

Holland (2002) define a Psico-Oncologia como:

> (...) uma subespecialidade da Oncologia, que aborda duas dimensões psicológicas presentes no diagnóstico do cancro:
>
> 1. As reacções emocionais dos doentes, bem como das suas famílias e dos prestadores de cuidados envolvidos no seu tratamento;
> 2. Os factores psicológicos, sociais e comportamentais que podem influenciar a morbilidade e a sobrevivência do cancro (p. 215).

Holland (1991) salienta que os progressos mais significativos em Psico-Oncologia se verificaram na década de 80, com investigações que visavam identificar os aspectos sociais variáveis do ciclo do cancro (prevenção, diagnóstico, tratamento e reabilitação), através de abordagens mais humanistas ao doente, incluindo melhores meios de controlo da dor, qualidade de vida, resultados de intervenções multiprofissionais e modelos de apoio psicossocial eficaz aos doentes.

LeShan (1992) iniciou o tratamento de pacientes oncológicos oferecendo a estes e às suas famílias, chocadas com o diagnóstico de cancro e as suas consequências, psicoterapia e apoio psicossocial. O seu trabalho mostra formas de ajudar a enfrentar o cancro, promovendo uma melhor qualidade de vida. Utiliza o termo recuperação no sentido de recordar a identidade do indivíduo e de encontrar ou reencontrar a sua "canção interior" (p. 49).

Em 1994, houve a necessidade de se formular uma definição brasileira de Psico-Oncologia, compatível com nossa cultura e sistema de saúde. Foi então que Gimenes (1994) a definiu, oficializando-a com a fundação da *Sociedade Brasileira de Psico-Oncologia*

> A Psico-Oncologia representa a área de ligação entre a Psicologia e a Oncologia, e aplica os conhecimentos pedagógicos, profissionais e práticos da Psicologia da Saúde:
>
> - Na assistência aos doentes com cancro, às suas famílias e aos profissionais de saúde envolvidos na prevenção, no tratamento, na reabilitação e na fase terminal da doença;
> - Na investigação e estudo das variáveis psicológicas e sociais relevantes para a compreensão da incidência, recuperação e esperança de vida após o diagnóstico de cancro;
> - Na organização dos serviços oncológicos que se esforçam por assistir integralmente os doentes (física e psicologicamente), dando especial ênfase à formação e desenvolvimento dos profissionais de saúde envolvidos nas várias fases do tratamento (p. 46-47).

Em 2006, foi criado o Certificado de Distinção de Conhecimento na área da Psico-Oncologia e a primeira certificação, atribuída a 134 profissionais de saúde aptos a trabalhar na área da Psico-Oncologia, teve lugar durante o 9th Congresso Brasileiro (Veit & Carvalho, 2008).

O psicólogo que atua na área de Psico-Oncologia tem como objetivo manter o bem-estar do paciente, determinando e valorizando os elementos emocionais vivenciados por ele. Simonton (1987) e Kubler-Ross (1998) destacam a importância de monitorizar o doente, reconhecer as suas necessidades e identificar os seus sentimentos.

Em um ambiente acolhedor, o psicólogo deve trabalhar sempre com os fatos. Quanto mais informado o paciente estiver sobre sua doença, melhor estará preparado para lidar com o adoecimento e mais confiará na equipe de profissionais que cuidará dele, respondendo melhor ao tratamento (Sales et al., 2001).

É importante acrescentar que uma das preocupações da Psico-Oncologia é a prestação de cuidados aos cuidadores. Os cuidadores são tanto os cuidadores profissionais, que pertencem a uma equipa de profissionais de saúde, como o cuidador domiciliário, que pode ser um enfermeiro contratado, um familiar, um vizinho ou qualquer pessoa disponível e aceite pelo doente como aquele que vai cuidar dele (Campos, 2010).

2.3 Luto e luto antecipado

Quando um paciente recebe o diagnóstico de cancro e adere ao tratamento, *inicia-se* um processo denominado por Lindemann (1994) de *luto antecipatório*. Worden (1998) mencionou o luto que precede a morte biológica, quando o paciente experimenta a dor e o processo de perda, que se inicia no momento do prognóstico pela associação direta à ideia de morte.

Na opinião de Rando (1986, 2000), o luto antecipatório é a série de processos vividos pelo doente e pela sua família em antecipação de uma perda iminente. Trata-se de um processo de luto psicossocial ativo experimentado pela família e pelo doente desde o diagnóstico até à morte.

Fonseca (2004) define o luto antecipatório como aquele vivido enquanto o doente ainda está vivo e associa-o à dor da notícia e aos sentimentos de perda iminente. Indica a presença de um processo cognitivo, emocional e comportamental, vivenciado intra e interpsiquicamente, a partir do momento em que a pessoa toma conhecimento de que tem uma doença grave.

A experiência da antecipação de uma perda envolve a obtenção de respostas emocionais precoces que podem incluir ansiedade de separação, solidão existencial, tristeza, pesar, raiva, ressentimento, culpa, exaustão e desespero (Rolland, 1998).

O cancro já implica perda de energia, saúde e amigos. A dor não curada produz sintomas de ansiedade e depressão, intensificando essas perdas e alterando as funções cognitivas, prejudicando as actividades diárias e sociais (Strang, 1998).

Kubler-Ross (1998), propôs um modelo de cinco fases do processo de morrer, com as consequentes perdas significativas. Estas fases - negação, raiva, negociação, depressão e aceitação - são o resultado do seu extenso trabalho com doentes terminais e não representam um padrão universal. São os estágios psicológicos e comportamentais pelos quais ela acredita que os pacientes passam quando são informados de sua doença e prognóstico, no caso, a morte, ou convivendo com a doença e suas consequências. Estes estádios têm grande aplicação nos estudos de Psico-Oncologia e podem ser utilizados como referência para compreender o que a pessoa com cancro vivencia nas diferentes fases da doença. A própria autora afirma que esses estágios não ocorrem necessariamente sempre nessa ordem e que nem todas as pessoas passam por cada um deles; no entanto, acredita que uma pessoa passará por pelo menos dois deles.

1. Primeira fase - Negação e isolamento

"Isto não me pode estar a acontecer", "Isto não está a acontecer", "Isto não pode ser verdade" são o que os doentes dizem nesta fase. Acontece logo após o indivíduo receber o diagnóstico. A negação, se não for excessiva, pode ser um mecanismo saudável para ajudar a pessoa doente a absorver o impacto da notícia.

2. Segunda fase - Raiva

"Porquê eu?", "Porque não ele?", "O que é que eu fiz para merecer isto?", "Porquê eu, que sempre fui honesto, trabalhei muito e fiz o bem?", "Porque é que Deus me fez isto?" Esta é uma fase em que o doente reage com irritação, indignação ou aborrecimento, à medida que compreende a sua condição e as suas consequências. Nesta altura, a ligação entre a equipa médica, a família e o doente torna-se mais difícil, uma vez que o doente pode ficar zangado com qualquer pessoa, especialmente com as que lhe são próximas. É importante compreender e aceitar a raiva do doente, que pode estar relacionada com sentimentos de impotência e falta de controlo sobre a sua própria vida.

3. Terceira etapa - Negociação

"Se Deus me curar, dedicar-lhe-ei toda a minha vida", "Deus, ajuda-me a viver mais alguns anos, até que os meus filhos sejam independentes e não precisem tanto de mim", "Se Deus me curar, ajudarei os pobres". Aqui, o doente admite que está doente e pode tentar negociar o prolongamento da sua vida. É comum regatear, fazer promessas a Deus e procurar compromissos.

4. Quarta fase - Depressão

"Não consigo enfrentar isto", "Não posso fazer a minha família suportar isto", "O que me vai acontecer?", "Falhei". Quando não é possível continuar a negar a morte e o doente se apercebe que os seus acordos não foram cumpridos, começa a sentir tristeza, preparando-se para morrer. O doente pode apresentar sinais importantes, tais como: desânimo, angústia, perda de apetite, desesperança, no que é considerado uma depressão reactiva.

A depressão pode também apresentar-se como uma depressão preparatória, não só ligada à morte física, mas também como uma morte simbólica, relacionada com as oportunidades perdidas devido à cronicidade da doença.

Como resultado, a pessoa pode entrar na fase seguinte, que é a aceitação (Peçanha, 2008).

5. Quinto Sábio - Aceitação

"Estou pronto, não quero lutar mais contra isto", "Posso ir". O doente aceita a mortalidade ou o futuro inevitável. Se conseguir despedir-se e obter a compreensão da família, pode ficar à vontade, à espera do fim.

Muitas vezes, a família do doente fica infeliz nesta última fase, porque já não o consegue animar. A esperança, que é considerada uma sexta fase, mas que na verdade está presente em todas as cinco anteriores, é o último recurso observado por Kubler-Ross (1998), para o doente e seus familiares.

É importante que familiares e profissionais de saúde conheçam essas etapas para que possam administrar melhor o desenvolvimento dos eventos até o final da doença, minimizando os conflitos e o sofrimento do paciente.

Os doentes em fase avançada da doença, ou gravemente doentes, são frequentemente designados por doentes terminais ou doentes terminais. Saunders & Sykes (1993) recomendam a substituição desta expressão por "doente para o qual se esgotaram todas as tentativas de cura", uma vez que a primeira tem uma conotação negativa e impessoal. Esta mudança deveu-se ao movimento *hospice*, que procura oferecer uma melhor qualidade de vida a estes doentes.

Hospice vem da palavra latina "hospis", que significa hospitalidade, particularmente para os viajantes, estrangeiros, pobres, idosos e doentes que não tinham casa (Saunders, 1993). *Os hospícios* são instalações especializadas na prestação de cuidados a doentes terminais; um sistema de cuidados que enfatiza a qualidade de vida, como já foi referido.

Os valores dos *hospícios* sobre cuidados paliativos, estabelecidos pela Organização Mundial de Saúde (2002) são

- Afirmar a vida e considerar a morte como um processo normal;
- Não ter a intenção de apressar ou adiar a morte;
- Alívio da dor e de outros sintomas aflitivos;
- Integrar os aspectos psicológicos e espirituais dos cuidados prestados aos doentes;
- Oferecer um sistema de apoio para ajudar os doentes a viver o mais ativamente possível até à morte;
- Utilizar uma abordagem de equipa para responder às necessidades dos doentes e das suas famílias;
- Oferecer um sistema de apoio para ajudar a família a lidar com a doença do doente e com o seu próprio luto;
- Melhorar a qualidade de vida e também influenciar positivamente o curso da doença;
- Ser aplicável no início do curso da doença, em conjunto com outras terapias destinadas a prolongar a vida, como a quimioterapia ou a radioterapia, e incluir as investigações necessárias para melhor compreender e gerir as complicações clínicas angustiantes.

A paliação é um conceito difícil de apreender na sua globalidade. A palavra *"Pallium"* significa cobrir, aliviar, como um manto afetivo que serve para proteger e não para esconder, mascarar a doença ou disfarçar os sintomas. Outro significado vem da palavra "*Pel*": a pele que protege os animais do frio. O principal objetivo dos cuidados paliativos é oferecer conforto, calor e proteção, permitindo uma sensação de segurança (Kovacs, 2003a).

Os cuidados paliativos são definidos como uma abordagem aos cuidados médicos para pessoas cujas doenças já não respondem ao tratamento e distinguem-se pelo facto de se centrarem em proporcionar aos doentes o alívio dos sintomas e sinais de uma doença em fase avançada. Nesta fase, o objetivo é aliviar ou melhorar as dores psicológicas e físicas e conseguir a melhor qualidade de vida possível para o doente e a sua família, em vez de curar a doença (Doyle at al., 1999).

Um dos principais objectivos do psicólogo que trabalha com cuidados paliativos, é fomentar o processo de comunicação, através de uma conversa aberta e honesta sobre sentimentos e necessidades, no momento em que é mais difícil comunicar (Kovacs, 2003b). O mesmo autor reforça a importância de:

- Resgatar a capacidade de desejar o que é mais importante, mesmo nos últimos momentos da vida;
- Apoiar o *discernimento*, a compreensão de si mesmo até ao momento da morte;
- Trabalhar para aprofundar as relações significativas, ajudar a retomar negócios inacabados, esclarecer mal-entendidos, recuperar (ou desenvolver) a capacidade de perdoar e ser perdoado;
- Promover os encerramentos;
- Estimular e procurar os recursos interiores do paciente;
- Melhorar o reenquadramento dos principais acontecimentos da vida;
- Promover a autonomia do doente, a sua dignidade enquanto ser humano, bem como o exercício das suas capacidades (p. 40).

2.4 A família dos doentes oncológicos

A família merece uma assistência especial desde o primeiro momento em que toma conhecimento do diagnóstico, uma vez que este tipo de diagnóstico afecta toda a família (Rivera, 1997). O impacto do cancro nas famílias é um fenómeno bem documentado (Kristjanson & Aschcroft, 1994; Wideheim et al., 2002). O contacto com o cancro é um verdadeiro choque para a família e pode ser seguido de vários sentimentos como a culpa, a raiva e a descrença, para além da depressão e do isolamento (Valle, 1994).

Franco (2006, 2008) apresenta factores facilitadores e dificultadores para a família lidar com o cancro e com o luto antecipatório. São eles:

Factores facilitadores:

- Estrutura familiar flexível que permite o reajustamento dos papéis;
- Boa comunicação com a equipa profissional e entre os membros da família;
- Conhecimento dos sintomas e dos ciclos da doença;
- Participação nas diferentes etapas, para adquirir um sentimento de controlo;
- Disponibilidade de sistemas de apoio formais e informais.

Factores de impedimento:

- Padrões disfuncionais de relacionamento, interação, comunicação e resolução de problemas;
- Sistemas de apoio formais e informais inexistentes ou ineficazes;
- Outras crises familiares que ocorrem ao mesmo tempo que a doença;
- Falta de recursos económicos e sociais. Má qualidade dos cuidados médicos e dificuldade de comunicação com a equipa médica;
- Doenças estigmatizadas, pouca assistência.

De acordo com Kovacs (1992), a família passa pelas mesmas fases que o doente ao saber de uma doença grave. A forma como lidam com ela dependerá da estrutura de cada membro e da ligação entre eles. Podem surgir processos ligados à perda em vida, o luto antecipatório, como já foi referido, com emoções contraditórias, o medo de ver a pessoa sofrer e decair, e a impotência de não poder fazer nada para aliviar a sua dor. A culpa e as tentativas de compensação são comuns.

A Organização Mundial de Saúde (2002) propõe a assistência aos familiares durante os cuidados paliativos do doente e após a sua morte, ou seja, os familiares também são vistos como doentes, necessitando de atenção, cuidados e assistência terapêutica de uma equipa profissional.

Relativamente ao impacto psicossocial nos familiares de doentes com tumores cerebrais, verifica-se um enorme impacto nas famílias, nomeadamente em duas questões: as alterações nos papéis de cada membro e a sobrecarga sentida pelos cuidadores (Fox & Lantz, 1998).

Os doentes com cancro em fase final e os seus familiares ou amigos, denominados cuidadores, têm sido considerados uma unidade de cuidados, segundo a Organização Mundial de Saúde (1990). É fundamental incluir a família na assistência psicológica, uma vez que ela é um elemento fundamental para ajudar o doente a lidar com a doença (Martins, 1997). Uma vez que a família adoece juntamente com o doente, com o devido apoio, pode ser um grande aliado do doente e da equipa profissional, (Santos & Sebastiani, 1996; Ferreira, 1997).

Cuidar significa ultrapassar desafios, envolvendo longos períodos de tempo dedicados ao doente, esforço físico, custos financeiros, stress emocional, riscos mentais e físicos (Rabow et al., 2004).

De acordo com Bromberg (1998), é importante reconhecer a unidade doente/família, mesmo que as necessidades sejam específicas e, ao mesmo tempo, presentes em ambos os grupos. Quando há uma comunicação aberta entre eles, parece haver menos angústia, resultando em melhores níveis de qualidade de vida.

Ao trabalhar com a família, o psicólogo procura fortalecer os laços afectivos entre paciente e família, incentivando uma conversa sincera, tornando-os capazes de partilhar experiências e sentimentos.

Simonton et al. (1987) e LeShan (1992) sublinham a importância da família na recuperação, evolução e fortalecimento do doente. Salientam que a doença pode promover o crescimento de todos os membros da família. Cada família adaptar-se-á à sua maneira e ao seu ritmo.

2.5 Qualidade de vida em oncologia

A avaliação da qualidade de vida tem sido utilizada pelo sector da saúde. A Organização Mundial de Saúde (1995) reuniu um grupo multicêntrico - *Grupo WHOQOL* - com muitos países, na tentativa de desenvolver uma avaliação da qualidade de vida que fosse aplicável em todas as culturas (WHOQOL - World Health Organization Quality Of Life).

O grupo definiu a qualidade de vida como a perceção que o indivíduo tem da sua posição na vida, no contexto da cultura e dos sistemas de valores em que vive e em relação aos seus objectivos, expectativas, padrões e preocupações. Esta definição inclui seis domínios principais. São eles: bem-estar físico, estado psicológico, níveis de autonomia, funcionamento social, características ambientais e espiritualidade.

O instrumento de avaliação criado pelo grupo baseia-se no pressuposto de que a qualidade de vida é uma construção subjectiva (perceção individual), é multidimensional (envolve aspectos culturais, sociais e ambientais) e engloba não só aspectos positivos mas também negativos (WHOQOL Group, 1995; Fleck et al., 1999; Fleck et al., 2000).

A partir destas perspectivas, o WHOQOL-100 e a sua versão condensada: WHOQOL-bref, foram criados em 1998 (OMS, 1996; Fleck et al., 1999; Fleck et al., 2000). Ambos foram concebidos com a participação de quinze países com o objetivo de obter um instrumento genérico que pudesse ser aplicável em qualquer cultura ou país.

A versão curta - WHOQOL-bref - surgiu da necessidade de um instrumento de avaliação rápida que mantivesse as características da versão original e que conservasse as suas qualidades como instrumento de avaliação. Nesta versão curta, cada faceta é representada pelo subitem que mais se correlaciona com o escore global do WHOQOL-100. Após a análise fatorial, os domínios foram reduzidos a quatro: físico, psicológico, relações sociais e ambiente. Esta versão deve ser utilizada quando é difícil empregar a versão original de 100 perguntas e/ou quando são utilizados vários instrumentos de avaliação (OMS, 1996; Fleck et al., 2000; Skevington et al., 2004).

Ambos os instrumentos foram traduzidos e validados no Brasil pelo Grupo WHOQOL-Brasil. As propriedades psicométricas em português foram semelhantes às do estudo multicêntrico do instrumento original (Fleck et al., 2000).

Existem 26 perguntas ou facetas no WHOQOL-bref, divididas em:

- Duas questões de carácter geral (1 e 2)
- Domínio físico:

Contém sete perguntas (3, 4, 10, 15, 16, 17 e 18): dor e desconforto; energia e fadiga; sono e repouso; mobilidade; actividades da vida diária, dependência de medicação ou terapia e capacidade de trabalho.

- Domínio psicológico:

Contém seis perguntas (5, 6, 7, 11, 19 e 26): crenças pessoais e espiritualidade, grau de satisfação pessoal, grau de adaptação às mudanças de aparência e variações de humor.

- Domínio das relações sociais:

Avalia três questões (20, 21 e 22): actividades e desempenho de papéis sociais; grau de satisfação com o parceiro sexual, grau de apoio recebido das pessoas.

- Domínio do ambiente:

Contém oito perguntas (8, 9, 12, 13, 14, 23, 24 e 25): segurança física e proteção; ambiente doméstico; recursos financeiros; cuidados sociais e de saúde; oportunidades para adquirir novas informações e capacidades, oportunidades de lazer e envolvimento; ambiente físico e transportes.

A definição da OMS corrobora o nosso ponto de vista e, por isso, foi escolhida como referência no presente estudo.

Foram desenvolvidos e avaliados instrumentos para medir a qualidade de vida. Ao avaliar um doente, os questionários clarificam os aspectos que não são avaliados por rotina pelo médico e que não são mostrados pelo doente, determinando assim os aspectos a que deve ser dada mais atenção.

Atualmente, existem duas formas de medir a qualidade de vida: utilizando instrumentos genéricos e específicos. Uma vez que estes instrumentos fornecem informações diferentes, podem ser utilizados em simultâneo. Os instrumentos genéricos abordam o perfil da saúde ou da doença, tentam abranger todos os aspectos relacionados com a saúde e indicam o impacto da doença na vida do indivíduo. Já os instrumentos específicos detectam singularidades da qualidade de vida em determinadas ocasiões (Fayes, 2000). Na prática oncológica, o doente experimenta variações extremas de sintomas desde o início até ao fim do tratamento (Walsh et al., 2000).

Como afirmam Fleck et al. (1999):

> A oncologia foi o ramo da medicina que acabou por ser desafiado com a necessidade de avaliar o modo de vida dos doentes que viram a sua esperança de vida prolongada devido aos tratamentos, uma vez que, na maioria das vezes, na procura de acrescentar

anos à vida, se esquecia de acrescentar vida aos anos (p. 20).

Uma atenção especial à qualidade de vida é dada aos pacientes nas fases tardias da doença, quando estão sob cuidados paliativos. Neste momento, os principais objectivos dos cuidados paliativos são a gestão dos sintomas mais frequentes sentidos pelos doentes, como a fadiga, a dor, a dispneia, a obstipação e a valorização da qualidade de vida (Ventafridda et al., 1990; Ferrell et al., 1995).

As avaliações psicossociais dos doentes terminais ajudam a interpretar as suas condições de qualidade de vida, ajustando o programa de cuidados paliativos e fornecendo informações sobre o prognóstico à equipa de saúde (Tamburini et al., 1996).

Rogers et al. (2001) declaram que, na década de 1990, foram realizadas pesquisas sobre qualidade de vida em pacientes com tumores cerebrais, principalmente devido à introdução de tratamentos mais agressivos.

Giovagnoli et al. (2005) afirmam que os tumores cerebrais afectam gravemente a saúde e a qualidade de vida, devido a uma ameaça à autonomia e à sobrevivência. Na literatura, a experiência do cancro neurológico é descrita como única entre os casos oncológicos. Essa singularidade está relacionada às perdas sofridas pelos pacientes nas funções citadas anteriormente, bem como às constantes alterações sociais e psicológicas que vivenciam (Veпssimo & Valle, 2006).

A Psicologia da Saúde e a Psico-Oncologia têm vindo a dar o seu contributo para o estudo da qualidade de vida das pessoas doentes, numa perspetiva mais humana, no entanto, a quantidade de investigação sobre as experiências relacionadas com o adoecer com cancro cerebral é ainda considerada escassa (Fox, 1998; Fox & Lantz, 1998; Huang et al., 2001; Lepola et al., 2001; Heimans & Taphoorn, 2002).

É importante destacar o estudo de Santos et al. (2008) cujo objetivo foi realizar a adaptação transcultural de um instrumento de qualidade de vida, específico para pacientes neurocirúrgicos, denominado Innsbruck Health Dimensions Questionnaire for Neurosurgical Patients (IHD-NS). A análise estatística salientou a preservação da consistência interna, elevados níveis de concordância e correlação intra-classe altamente significativa, permitindo acreditar na qualidade e fiabilidade da versão portuguesa.

Silva & Aguiar (2006) efectuaram uma revisão crítica da literatura sobre a avaliação da qualidade de vida de doentes com gliomas e concluíram que existem muitos instrumentos para avaliar a qualidade de vida, mas apenas alguns foram concebidos para doentes com tumor cerebral. Referiram ainda que o impacto de um tumor cerebral na vida de uma pessoa vai para além do aspeto físico. As características do tumor e o seu tratamento afectam a cognição, os aspectos sociais e emocionais. A avaliação da qualidade de vida reforça os exames neurológicos e cognitivos.

2.6 Intervenção psico-educativa

A palavra comunicação deriva da palavra latina *communicare,* que significa "ter algo em comum, dividir, partilhar", e mais tarde resultou em "estar em contacto ou em relação com alguém". Assim, uma boa comunicação implica ter algo em comum com alguém ou ter a vontade de partilhar o que temos (Osorio, 2007).

Fiorini (1991) descreveu técnicas como a Psicoterapia de Apoio e a Psicoterapia de Esclarecimento, com o objetivo de: promover um espaço de cura onde a família possa ser ajudada a compreender as suas próprias experiências e a reorganizar-se para responder às exigências da sua nova realidade.

A intervenção psicoeducativa actua em dois níveis, segundo Yin & Oliveira (2004):

1. Instrutivo: fornece informações e orientações sobre a doença, os sintomas, os sinais e o tratamento;
2. Terapêutica: permite apoiar os conflitos pessoais e/ou intrapessoais provocados pela doença e melhorar a relação entre os doentes e os prestadores de cuidados.

Foram encontrados poucos estudos sobre qualidade de vida de pacientes com tumores cerebrais e seus familiares. Este será um trabalho pioneiro na área, com um programa psicoeducativo para cuidadores não profissionais de pacientes com glioblastoma multiforme, legitimando a importância do presente estudo.

Capítulo 3

3. OBJECTIVOS

3.1 Objetivo geral

Estudar a qualidade de vida dos cuidadores não profissionais de doentes com glioblastoma multiforme através de um programa psico-educativo que visa dar apoio emocional e criar meios para a utilização eficaz de informação e orientação.

3.2 Objectivos específicos

- Identificar parâmetros quantitativos da qualidade de vida antes e depois da intervenção psico-educativa utilizada com esta população;
- Testar a reprodutibilidade do instrumento de avaliação da qualidade de vida WHOQOL-bref;
- Verificar o impacto do programa psicoeducativo através do instrumento de avaliação da qualidade de vida WHOQOL-bref.

Capítulo 4

4. MÉTODOS

4.1 Casuística

O estudo foi realizado com a participação de 30 cuidadores não profissionais de pacientes com glioblastoma multiforme da Unidade de Tumores Cerebrais do Departamento de Neurologia da Faculdade de Medicina da Universidade de São Paulo, que concordaram voluntariamente em participar após serem informados do seu objetivo através de um Termo de Consentimento Livre e Esclarecido.

A investigação envolveu um Grupo de Teste (GT) composto por vinte participantes e um Grupo de Controlo (GC) composto por dez participantes.

O GT foi constituído por cuidadores não profissionais de doentes com glioblastoma multiforme, que aceitaram participar no Programa Psicoeducativo. O GC foi composto por cuidadores não profissionais de pacientes com glioblastoma multiforme, que não puderam comparecer às sessões mensais do Programa Psicoeducativo por motivo de trabalho ou por residirem em outra cidade.

4.1.1 Critérios de inclusão no TG

- Aceitar participar no programa psico-educativo;
- Ser cuidador não profissional de um utente em regime de ambulatório inscrito no Hospital das Clínicas;
- Ter mais de 21 anos de idade, independentemente do sexo;
- Possuir as funções cognitivas adequadas e necessárias para poder responder às perguntas.

4.1.2 Critérios de exclusão

- Cuidador não profissional que não tem conhecimento do diagnóstico e do prognóstico.

4.2 Considerações éticas

O presente estudo foi aprovado pela Comissão de Ética para Análise de Projetos de Pesquisa - CAPPesq da Diretoria do Hospital das Clínicas e da Faculdade de Medicina da Universidade de São Paulo, conforme Protocolo de Pesquisa nº 0434/08.

4.3 Procedimentos

A Tabela 1 apresenta os procedimentos de estudo para o TG e o GC.

<table>
<tr><th></th><th>Phase I</th><th>Psychoeducational Program</th><th>Phase II</th><th>Phase III</th></tr>
<tr><td>TG (20)</td><td rowspan="2">Semi-Structured Psychological Interview
Phase I
+
Quality of Life Assessment Tool WHOQOL-bref</td><td>Four
Subject
Sessions</td><td rowspan="2">Semi-Structured Psychological Interview
Phase II
+
Quality of Life Assessment Tool WHOQOL-bref</td><td rowspan="2">Semi-Structured Psychological Interview
Phase II
Collaborator Psychologist
+
Quality of Life Assessment Tool WHOQOL-bref
Collaborator Psychologist</td></tr>
<tr><td>CG (10)</td><td></td></tr>
</table>

Quadro 1 - Procedimentos

4.3.1 Procedimentos para o grupo de teste

Fase I

Os cuidadores participaram de uma entrevista psicológica semi-estruturada (Fase I), que foi gravada em áudio com consentimento prévio, e os dados foram transcritos literalmente para posterior análise. Nela foram abordados aspectos sócio-demográficos dos participantes, bem como a perceção da doença, o modo como lidavam com ela, a forma como reagiam aos sintomas dos doentes, o apoio com que podiam contar, a capacidade de comunicação, entre outros (APÊNDICE A).

Logo após esse procedimento, os participantes preencheram o questionário de avaliação da qualidade de vida WHOQOL-bref (APÊNDICE B). Foram entrevistados individualmente pela pesquisadora em um dos consultórios médicos disponibilizados para este fim na Unidade de Tumor Cerebral, com duração aproximada de 45 minutos cada entrevista.

Programa psico-educativo

Os objectivos do Programa Psicoeducativo no presente estudo foram os seguintes

- Oferecer apoio emocional, informação e orientação;
- Melhorar a relação essencial entre os doentes e os seus prestadores de cuidados na abordagem da doença;
- Incentivar uma conversa aberta em casa;
- Melhorar a qualidade de vida de ambos.

Os cuidadores assistiram, individualmente, a quatro sessões de 45 minutos e estes encontros realizaram-se uma vez por mês na Unidade de Ambulatório, até perfazer o total de quatro encontros. Os temas abordados foram:

Primeira sessão:

- Exposição do programa;
- Informação sobre a doença e o impacto da doença na vida do doente e do seu prestador de cuidados não profissional.

Segunda sessão:

- Cuidados em casa;
- Informações sobre o tratamento e os efeitos secundários;
- Realçar o papel da família e da comunicação entre elas;
- Melhorar a comunicação em casa e com os outros profissionais da equipa de saúde.

Terceira sessão:

- Escutar e validar os sentimentos desenvolvidos devido ao impacto da doença na sua qualidade de vida;
- Explicação das etapas pelas quais passam os doentes e os familiares após receberem a notícia do diagnóstico e do prognóstico do doente, segundo Kubler-Ross (1998).

Quarta sessão:

- Debate sobre a qualidade de vida;
- Oportunidades de autoajuda;
- Encerramento, com os participantes a avaliarem a sua experiência no programa psico-educativo.

No início de cada sessão, os cuidadores não profissionais eram informados dos temas a abordar nessa reunião. Havia tempo para resolver qualquer dúvida e, caso o autor não soubesse a resposta, esta seria dada na sessão seguinte, depois de consultar os médicos.

No caso de morte de um doente, foi proposto ao cuidador não profissional que continuasse no programa psicoeducativo e, caso decidisse ficar, o tema do luto foi acrescentado aos restantes, na primeira sessão a que compareceu.

Fase II

Após a participação nas quatro sessões do programa psicoeducativo, foi realizada a entrevista semi-estruturada (Fase II), e foi solicitado aos participantes que preenchessem novamente o questionário de avaliação da qualidade de vida WHOQOL- bref, para que os resultados da qualidade de vida após a intervenção, pudessem ser comparados. Na entrevista (Fase II) foram abordadas questões relacionadas com as possíveis mudanças na vida dos cuidadores após a intervenção psicológica, dificuldades que possam ter surgido e permanecido, bem como a oportunidade de partilharem brevemente as suas experiências (APÊNDICE C).

Fase III

Num espaço de três a quatro meses após a aplicação da Fase II, a mesma foi reimplementada por um psicólogo colaborador que não tinha tido qualquer contacto prévio com os cuidadores não profissionais, numa tentativa de garantir que os resultados obtidos nesta fase não seriam contaminados pelo enviesamento do contacto com o facilitador anterior, sendo este um investigador cego para os parâmetros examinados.

4.3.2 Procedimentos para o grupo de controlo

Foi realizada a entrevista psicológica semi-estruturada (Fase I) e aplicado o instrumento de avaliação da qualidade de vida WHOQOL-bref, porém este grupo não participou do Programa Psicoeducativo. Quando o cuidador não-profissional retornou à Unidade de Tumor Cerebral para levar o paciente à consulta médica, foi realizada a entrevista psicológica semi-estruturada (Fase II) e reaplicado o instrumento de avaliação da qualidade de vida WHOQOL-bref. Num espaço de três a quatro meses após a aplicação da Fase II, realizou-se também a Fase III, implementada pela psicóloga colaboradora.

4.4 Tratamento estatístico e análise de dados

A análise dos dados foi realizada utilizando os seguintes Softwares: SPSS 12.0 (Statistical Package for the Social Sciences) para o WHOQOL-bref, de acordo com as instruções para sua aplicação e avaliação fornecidas pelo Grupo WHOQOL Brasil, SPAD (Systeme Portable d'Analyse des Donnees) para análise fatorial e SPAD.t (Systeme Portable pour l'Analyse des Donnees Textuelles) para análise quantitativa das respostas às questões abertas.

A análise descritiva das variáveis contínuas foi realizada através do cálculo dos valores mínimos e máximos, das médias, dos desvios-padrão e das medianas. As variáveis qualitativas foram analisadas por meio de frequências absolutas e relativas.

O coeficiente Alfa de Cronbach foi utilizado para analisar a consistência interna das questões do WHOQOL-bref, que se refere ao conjunto de itens inter-relacionados.

O teste de Kolmogorov-Smirnov foi utilizado para avaliar a aderência à distribuição normal das variáveis quantitativas. Quando as variáveis tinham uma distribuição normal, foram utilizados testes paramétricos: teste t para comparação entre duas amostras e teste t para amostras dependentes. Quando as variáveis não estavam distribuídas normalmente, foi utilizado o teste não paramétrico de Wilcoxon.

Para a escala do WHOQOL-bref foi utilizada a Análise Fatorial e a Classificação Hierárquica para a construção de Tipologias a partir dos resultados dos domínios.

O nível de significância foi fixado em 0,05.

Capítulo 5

5. RESULTADOS

Inicialmente, serão apresentados os dados relativos aos 30 prestadores de cuidados não profissionais, a fim de dar uma visão geral da amostra dividida em:

- Grupo de teste - 20 pacientes
- Grupo de controlo - 10 pacientes

5.1 Características dos sujeitos

Da amostra, 23 participantes eram do sexo feminino (76,7%) e 7 eram do sexo masculino (23,3%).

Quadro 2 - Género

Gender	Group		
	Trial	Control	TOTAL
Male	1	6	7
Female	19	4	23
TOTAL	**20**	**10**	**30**

Relativamente ao estado civil, 23 eram casados (76,7%), 5 eram solteiros (16,7%) e dois eram separados/divorciados (6,7%).

Quadro 3 - Estado civil

Marital Status	Group		
	Trial	Control	TOTAL
Single	4	1	5
Married	14	9	23
Separated/Divorced	2		2
TOTAL	**20**	**10**	**30**

Relativamente à idade, seis participantes tinham 21-30 anos (20%); 12 participantes tinham 31-50 anos (40%); nove participantes tinham 51-65 anos (30%) e três participantes tinham 65 anos ou mais (10%). A média de idade dos cuidadores foi de 44,3 anos +- 14,1 (dp).

Quadro 4 - Idade

Age	Group		
	Trial	Control	TOTAL
21 – 30 years	5	1	6
31 – 50 years	7	5	12
51 – 65 years	7	2	9
65 and older	1	2	3
TOTAL	**20**	**10**	**30**

Em relação ao nível de escolaridade, 19 cuidadores não profissionais possuíam Ensino Médio + Superior (63,3%), oito possuíam desde o Ensino Fundamental até o Superior incompleto (26,7%), dois não concluíram o Ensino Fundamental (6,7%) e um era analfabeto (3,3%).

Tabela 5 - Nível de escolaridade

Educational Level	Group		
	Trial	Control	TOTAL
Illiterate + Incomplete Primary School	3	0	3
Primary School or Incomplete College	7	1	8
High School and College	10	9	19
TOTAL	**20**	**10**	**30**

Em relação à religião, a maioria dos participantes disse ser católica (21), o que corresponde a 70% da amostra. As demais foram: evangélica (20%), espírita (6,7%) e ateia (3,3%). Dentre eles, 15 pessoas disseram praticar sua religião (50%).

Quadro 6 - Religião

Religion	Group		
	Trial	Control	TOTAL
Atheist	1		1
Catholic	15	6	21
Evangelic	3	3	6
Spiritualist	1	1	2
TOTAL	**20**	**10**	**30**

Tabela 7 - Religião (praticante)

Religion	Group		
(practicing)	Trial	Control	TOTAL
No	11	3	14
Yes	8	7	15
TOTAL	**19**	**10**	**29**

Relativamente à profissão, os empregos mais antigos eram: empregada doméstica (16,7%); comércio a retalho, administração de empresas e finanças (16,7%); serviços de restauração (13,3%); serviços de saúde e educação (13,3%); donas de casa (13,3%) e 6,7% não trabalhavam.

Quadro 8 - Profissão (empregos mais antigos)

Profession	Group		
(longest held jobs)	Trial	Control	TOTAL
Housekeeping	4	1	5
Retail trade, business administration and finance	3	2	5
Food services	3	1	4
Health care and Education services	3	1	4
Housewives	3	1	4
Transportation	1	2	3
Others	1	2	3
Did not work	2		2
TOTAL	**20**	**10**	**30**

A situação profissional atual era a seguinte: empregados (36,7%); donas de casa (33,3%); desempregados (13,3%); trabalhadores por conta própria

(10%); um estava reformado (3,33%) e um estava de baixa médica (3,33%).

Quadro 9 - Situação atual do emprego

Current Job Situation	Group		
	Trial	Control	TOTAL
Employed	6	5	11
Self-employed	3		3
Medical leave	1		1
Unemployed	3	1	4
Housewives	7	3	10
Retired		1	1
TOTAL	**20**	**10**	**30**

A renda mensal dos sujeitos mostrou que: oito pessoas ganhavam menos de R$ 1.000,00 (26,7%); sete pessoas ganhavam entre R$ 1.001,00 e R$ 2.000,00 (23%); doze pessoas ganhavam entre R$ 2.001,00 e R$ 5.000,00 (40%) e três pessoas ganhavam mais de R$ 5.001,00 (10%).

Quadro 10 - Rendimentos

Monthly Income	Group		
	Trial	Control	TOTAL
Up to R$ 1,000.00	8	0	8
R$ 1,001.00 to R$ 2,000.00	3	4	7
R$ 2,001.00 to R$ 5,000.00	8	4	12
R$ 5,001.00 and more	1	2	3
TOTAL	**20**	**10**	**30**

Em termos de etnia, 26 dos participantes eram caucasianos (86,7%), três eram afro-brasileiros (10%) e um era asiático (3,3%).

Tabela 11 - Etnia

Ethnicity	Group		
	Trial	Control	TOTAL
Caucasian	17	9	26
African-Brazilian	2	1	3
Asian	1		1
TOTAL	**20**	**10**	**30**

Quanto ao grau de parentesco, nove sujeitos eram esposas dos pacientes (30%); sete eram filhas (23,3%); quatro eram irmãs (13,3%), quatro eram maridos (13,3%), três eram filhos (10%), duas eram mães (6,7%) e uma era nora (3,3%).

Tabela 12 - Grau de parentesco

Degree of Kinship	Group		
	Trial	Control	TOTAL
Wife	7	2	9
Daughter	6	1	7
Sister	4		4
Husband	1	3	4
Son		3	3
Mother	1	1	2
Daughter in law	1		1
TOTAL	**20**	**10**	**30**

5.2 WHOQOL-bref

A consistência interna do instrumento foi avaliada através do coeficiente de fiabilidade alfa de Cronbach, tendo sido obtidos resultados satisfatórios para todas as 26 questões. Na Fase I, o valor foi: 0,84; na Fase II: 0,86 e na Fase III: 0,87. O coeficiente oferece uma estimativa da confiabilidade dos escores do teste e varia de zero a um; quanto mais próximo de um, mais precisa é a consistência interna do instrumento. Portanto, o WHOQOL-bref apresentou consistência interna quando aplicado nesta amostra em todas as fases.

As Tabelas seguintes mostram as respostas atribuídas ao WHOQOL-bref pelo GT e GC, em todas as fases.

Tabela 13 - Resultados do WHOQOL-bref TG: Fase I

How would you rate your quality of life?	very poor 1	poor 2	neither poor nor good 7	good 9	very good 1	Total 20
How satisfied are you with your health?	very dissatisfied 2	dissatisfied 6	neither satisfied nor dissatisfied 5	satisfied 5	very satisfied 2	Total 20
	not at all	a little	a moderate amount	very much	an extreme amount	Total
To what extent do you feel that your physical pain prevents you from doing what you need to do?	8	4	3	4	1	20
How much do you need any medical treatment to function in your daily life?	6	2	4	7	1	20
How much do you enjoy life?	5	4	10	1		20
To what extent do you feel your life to be meaningful?	2	3	4	8	3	20
How well are you able to concentrate?		3	4	6	7	20
How safe do you feel in your daily life?	4	2	9	5		20
How healthy is your physical environment (climate, noise,						

pollution, attractions)?	2	6	10	1	1	20
Do you have enough energy for everyday life?		4	8	5	3	20
Are you able to accept your bodily appearance?	3	1	7	5	4	20
	not at all	a little	moderately	mostly	completely	Total
Have you enough money to meet your needs?	6	7	5		2	20
How available to you is the information that you need in your day-to-day life?	3	3	9	5		20
To what extent do you have the opportunity for leisure activities	8	7	4	1		20
How well are you able to get around?	very poor 1	poor 1	neither poor nor well 5	well 7	very well 6	Total 20
	very dissatisfied	dissatisfied	neither satisfied nor dissatisfied	satisfied	very satisfied	total
How satisfied are you with your sleep?	3	4	5	7	1	20
How satisfied are you with your ability to perform your daily living activities?		6	7	6	1	20
How satisfied are you with your capacity for work?	2	5	7	5	1	20

How satisfied are you with yourself?	4	1	8	5	2	20
How satisfied are you with your personal relationships (friends, relatives, colleagues)?	3	4	4	7	2	20
How satisfied are you with your sex life?	4	3	5	7	1	20
How satisfied are you with the support you get from your friends?	3	2	5	7	3	20
How satisfied are you with the conditions of your living place?	1	4	2	10	3	20
How satisfied are you with your access to health services?	1	5	8	5	1	20
How satisfied are you with your means of transportation?	2	4	6	6	2	20
How often do you have negative feelings such as blue mood, despair, anxiety, depression?	never	seldom	quite often	very often	always	Total
		13	3	2	2	20

Tabela 14 - Resultados do WHOQOL-bref CG: Fase I

How would you rate your quality of life?	very poor 1	poor 0	neither poor nor good 6	good 3	very good 0	Total 10
How satisfied are you with your health?	very dissatisfied 1	dissatisfied 0	neither satisfied nor dissatisfied 2	satisfied 5	very satisfied 2	Total 10
	not at all	a little	a moderate amount	very much	an extreme amount	Total
To what extent do you feel that your physical pain prevents you from doing what you need to do?	4	0	5	1	0	10
How much do you need any medical treatment to function in your daily life?	3	6	1	0	0	10
How much do you enjoy life?	0	5	4	0	1	10
To what extent do you feel your life to be meaningful?	0	0	2	3	5	10
How well are you able to concentrate?	0	1	6	3	0	10
How safe do you feel in your daily life?	0	0	2	7	1	10
How healthy is your physical environment (climate, noise,						

pollution, attractions)?	0	0	5	4	1	10
Do you have enough energy for everyday life?	0	0	3	6	1	10
Are you able to accept your bodily appearance?	1	0	3	3	3	10
	not at all	a little	moderately	mostly	completely	Total
Have you enough money to meet your needs?	0	1	7	1	1	10
How available to you is the information that you need in your day-to-day life?	0	1	1	6	2	10
To what extent do you have the opportunity for leisure activities	2	7	0	1	0	10
How well are you able to get around?	very poor 0	poor 0	neither poor nor well 0	well 6	very well 4	Total 10
	very dissatisfied	dissatisfied	neither satisfied nor dissatisfied	satisfied	very satisfied	total
How satisfied are you with your sleep?	0	0	2	8	0	10
How satisfied are you with your ability to perform your daily living activities?	0	0	4	3	3	10
How satisfied are you with your capacity for work?	0	0	2	6	2	10

How satisfied are you with yourself?	0	0	2	5	3	10
How satisfied are you with your personal relationships (friends, relatives, colleagues)?	0	0	0	6	4	10
How satisfied are you with your sex life?	1	3	2	3	1	10
How satisfied are you with the support you get from your friends?	0	0	4	3	3	10
How satisfied are you with the conditions of your living place?	0	1	0	7	2	10
How satisfied are you with your access to health services?	0	2	2	6	0	10
How satisfied are you with your means of transportation?	0	3	5	0	2	10
How often do you have negative feelings such as blue mood, despair, anxiety, depression?	never 0	seldom 6	quite often 4	very often 0	always 0	Total 10

Tabela 15 - Resultados do WHOQOL-bref TG: Fase II

How would you rate your quality of life?	very poor 0	poor 0	neither poor nor good 2	good 14	very good 4	Total 20
How satisfied are you with your health?	very dissatisfied 0	dissatisfied 0	neither satisfied nor dissatisfied 7	satisfied 12	very satisfied 1	Total 20
	not at all	a little	a moderate amount	very much	an extreme amount	Total
To what extent do you feel that your physical pain prevents you from doing what you need to do?	13	5	1	1		20
How much do you need any medical treatment to function in your daily life?	11	6	2	1		20
How much do you enjoy life?		4	3	12	1	20
To what extent do you feel your life to be meaningful?	0	0	1	6	13	20
How well are you able to concentrate?	0	0	5	14	1	20
How safe do you feel in your daily life?	0	0	6	13	1	20
How healthy is your physical environment (climate, noise,						

pollution, attractions)?	0	1	8	9	2	20
Do you have enough energy for everyday life?	0	0	2	7	11	20
Are you able to accept your bodily appearance?	0	1	3	5	5	14
	not at all	a little	moderately	mostly	completely	Total
Have you enough money to meet your needs?	2	2	12	2	2	20
How available to you is the information that you need in your day-to-day life?	0	0	3	7	10	20
To what extent do you have the opportunity for leisure activities		2	12	4	2	20
How well are you able to get around?	very poor 0	poor 0	neither poor nor well 1	well 8	very well 11	Total 20
	very dissatisfied	dissatisfied	neither satisfied nor dissatisfied	satisfied	very satisfied	total
How satisfied are you with your sleep?	0	0	7	10	3	20
How satisfied are you with your ability to perform your daily living activities?	0	0	3	11	6	20
How satisfied are you with your capacity for work?	0	1	4	7	8	20

How satisfied are you with yourself?	0	0	1	4	15	20
How satisfied are you with your personal relationships (friends, relatives, colleagues)?	0	0	5	8	7	20
How satisfied are you with your sex life?	2	3	4	8	3	20
How satisfied are you with the support you get from your friends?			4	10	6	20
How satisfied are you with the conditions of your living place?	0	1	4	10	5	20
How satisfied are you with your access to health services?		2	1	12	5	20
How satisfied are you with your means of transportation?		1	8	9	2	20
How often do you have negative feelings such as blue mood, despair, anxiety, depression?	never 2	seldom 17	quite often 1	very often 0	always 0	Total 20

Tabela 16 - Resultados do WHOQOL-bref CG: Fase II

How would you rate your quality of life?	very poor 1	poor 1	neither poor nor good 4	good 4	very good 0	Total 10
How satisfied are you with your health?	very dissatisfied 1	dissatisfied 1	neither satisfied nor dissatisfied 5	satisfied 3	very satisfied 0	Total 10
	not at all	a little	a moderate amount	very much	an extreme amount	Total
To what extent do you feel that your physical pain prevents you from doing what you need to do?	0	4	4	2	0	10
How much do you need any medical treatment to function in your daily life?	1	3	5	1	0	10
How much do you enjoy life?	1	6	3	0	0	10
To what extent do you feel your life to be meaningful?	0	0	4	5	1	10
How well are you able to concentrate?	0	4	6	0	0	10
How safe do you feel in your daily life?	1	0	5	4	0	10
How healthy is your physical environment (climate, noise,						

pollution, attractions)?	0	0	5	5	0	10
Do you have enough energy for everyday life?	0	1	8	1	0	10
Are you able to accept your bodily appearance?	2	0	2	6	0	10
	not at all	a little	moderately	mostly	completely	Total
Have you enough money to meet your needs?	1	1	6	2	0	10
How available to you is the information that you need in your day-to-day life?	0	1	5	3	1	10
To what extent do you have the opportunity for leisure activities	6	4	0	0	0	10
How well are you able to get around?	very poor 0	poor 1	neither poor nor well 3	well 5	very well 1	Total 10
	very dissatisfied	dissatisfied	neither satisfied nor dissatisfied	satisfied	very satisfied	total
How satisfied are you with your sleep?	0	0	4	6	0	10
How satisfied are you with your ability to perform your daily living activities?	0	2	6	2	0	10
How satisfied are you with your capacity for work?	0	3	5	2	0	10

How satisfied are you with yourself?	0	1	5	4	0	10
How satisfied are you with your personal relationships (friends, relatives, colleagues)?	0	2	2	6	0	10
How satisfied are you with your sex life?	2	1	3	4	0	10
How satisfied are you with the support you get from your friends?	0	0	5	4	1	10
How satisfied are you with the conditions of your living place?	0	1	1	6	2	10
How satisfied are you with your access to health services?	0	2	1	7	0	10
How satisfied are you with your means of transportation?	0	0	4	5	1	10
How often do you have negative feelings such as blue mood, despair, anxiety, depression?	never 0	seldom 4	quite often 5	very often 1	always 0	Total 10

Tabela 17 - Resultados do WHOQOL-bref TG: Fase III

How would you rate your quality of life?	very poor 1	poor 0	neither poor nor good 1	good 7	very good 5	Total 14
How satisfied are you with your health?	very dissatisfied 0	dissatisfied 0	neither satisfied nor dissatisfied 5	satisfied 7	very satisfied 2	Total 14
	not at all	a little	a moderate amount	very much	an extreme amount	Total
To what extent do you feel that your physical pain prevents you from doing what you need to do?	9	3	1	1		14
How much do you need any medical treatment to function in your daily life?	7	6		1		14
How much do you enjoy life?		1	4	9		14
To what extent do you feel your life to be meaningful?			1	5	8	14
How well are you able to concentrate?			4	10		14
How safe do you feel in your daily life?			5	9		14
How healthy is your physical environment (climate, noise,						

pollution, attractions)?		1	5	6	2	14
Do you have enough energy for everyday life?			1	6	7	14
Are you able to accept your bodily appearance?			4	3	7	14
	not at all	a little	moderately	mostly	completely	Total
Have you enough money to meet your needs?	2	1	7	2	2	14
How available to you is the information that you need in your day-to-day life?			2	4	8	14
To what extent do you have the opportunity for leisure activities		1	9	3	1	14
How well are you able to get around?	very poor	poor	neither poor nor well 1	well 5	very well 8	Total 14
	very dissatisfied	dissatisfied	neither satisfied nor dissatisfied	satisfied	very satisfied	total
How satisfied are you with your sleep?			5	8	1	14
How satisfied are you with your ability to perform your daily living activities?			2	9	3	14
How satisfied are you with your capacity for work?		1	3	5	5	14

How satisfied are you with yourself?			1	3	10	14
How satisfied are you with your personal relationships (friends, relatives, colleagues)?			4	6	4	14
How satisfied are you with your sex life?	2	2	3	4	3	14
How satisfied are you with the support you get from your friends?			4	5	5	14
How satisfied are you with the conditions of your living place?		1	1	8	4	14
How satisfied are you with your access to health services?		2	1	7	4	14
How satisfied are you with your means of transportation?		1	5	6	2	14
How often do you have negative feelings such as blue mood, despair, anxiety, depression?	never	seldom	quite often	very often	always	Total
	2	12				14

Tabela 18 - Resultados do WHOQOL-bref CG: Fase III

How would you rate your quality of life?	very poor	poor	neither poor nor good	good	very good	Total
	1	2	7			10
How satisfied are you with your health?	very dissatisfied	dissatisfied	neither satisfied nor dissatisfied	satisfied	very satisfied	Total
	1	2	6	1		10
	not at all	a little	a moderate amount	very much	an extreme amount	Total
To what extent do you feel that your physical pain prevents you from doing what you need to do?		4	4	2		10
How much do you need any medical treatment to function in your daily life?		1	3	5	1	10
How much do you enjoy life?	3	6	1			10
To what extent do you feel your life to be meaningful?		1	4	5		10
How well are you able to concentrate?		4	6			10
How safe do you feel in your daily life?	1	5		4		10
How healthy is your physical environment (climate, noise,						

pollution, attractions)?			6	4		10
Do you have enough energy for everyday life?	1	1	7	1		10
Are you able to accept your bodily appearance?	2	1	3	4		10
	not at all	a little	moderately	mostly	completely	Total
Have you enough money to meet your needs?	1	1	6	2		10
How available to you is the information that you need in your day-to-day life?		1	5	3	1	10
To what extent do you have the opportunity for leisure activities	6	4				10
	very poor	poor	neither poor nor well	well	very well	Total
How well are you able to get around?		1	3	6		10
	very dissatisfied	dissatisfied	neither satisfied nor dissatisfied	satisfied	very satisfied	total
How satisfied are you with your sleep?		1	7	2		10
How satisfied are you with your ability to perform your daily living activities?		3	5	2		10
How satisfied are you with your capacity for work?		3	5	2		10

How satisfied are you with yourself?		1	6	3		10
How satisfied are you with your personal relationships (friends, relatives, colleagues)?		2	2	6		10
How satisfied are you with your sex life?	2	1	3	4		10
How satisfied are you with the support you get from your friends?			5	4	1	10
How satisfied are you with the conditions of your living place?		1	1	6	2	10
How satisfied are you with your access to health services?	1	2	2	5		10
How satisfied are you with your means of transportation?	1		3	5	1	10
How often do you have negative feelings such as blue mood, despair, anxiety, depression?	never	seldom	quite often	very often	always	Total
			1	6	3	10

Uma vez que o instrumento de avaliação da qualidade de vida WHOQOL-bref foi desenvolvido com base na premissa de que a qualidade de vida é um constructo multidimensional, não existe uma pontuação total única para a avaliar, mas sim uma pontuação para cada domínio, individualmente (OMS, 1996).

É importante ressaltar que o WHOQOL-bref deriva do WHOQOL-100, que possui quatro questões para avaliar cada faceta e, portanto, a linha de base para avaliação é o instrumento completo. A ideia é tornar as pontuações dos domínios comparáveis com as pontuações utilizadas no WHOQOL-100 (OMS, 1996).

As respostas do WHOQOL-bref, por faceta, são obtidas por meio de uma escala Likeart, com cinco pontos (1 a 5). O primeiro passo é estabelecer o valor de cada alternativa escolhida nas questões. Todas as questões, exceto três (Q3, Q4 e Q26), são respondidas no sentido positivo, ou seja, quanto maior o número escolhido para a resposta, maior será o seu valor. Está estabelecido que: (1=1), (2=2), (3=3), (4=4) e (5=5). As três excepções foram formuladas no sentido negativo, ou seja: (1=5), (2=4), (3=3), (4=2) e (5=1).

Após esta etapa, os resultados finais dos domínios do WHOQOL-bref são obtidos através do cálculo da pontuação mediana dos itens de cada domínio. Os escores medianos são então multiplicados por 4, a fim de tornar os escores dos domínios comparáveis aos escores utilizados no WHOQOL-100. Em seguida, os resultados são transformados em escores de uma escala de 0-100, através de operações específicas via software SPSS. Este instrumento não oferece um resultado global, os resultados de cada domínio são examinados de forma independente (OMS, 1996).

5.1 Impacto do programa psico-educativo

Os dados que se seguem referem-se à influência do Programa Psicoeducativo na medição do instrumento de avaliação da qualidade de vida WHOQOL-bref.

Em primeiro lugar, apresentamos os resultados das duas primeiras questões gerais da qualidade de vida, que não pertencem a nenhum dos quatro domínios, tanto para o TG como para o GC. Estas questões são designadas por "global" ou "saúde geral" (OMS, 1996).

A primeira pergunta: "Como classificaria a sua qualidade de vida?" para o TG está representada no Gráfico 1.

Gráfico 1 - Resultados da Primeira Questão Geral de Qualidade de Vida (TG)
Como classificaria a sua qualidade de vida?

Grupo de teste - n

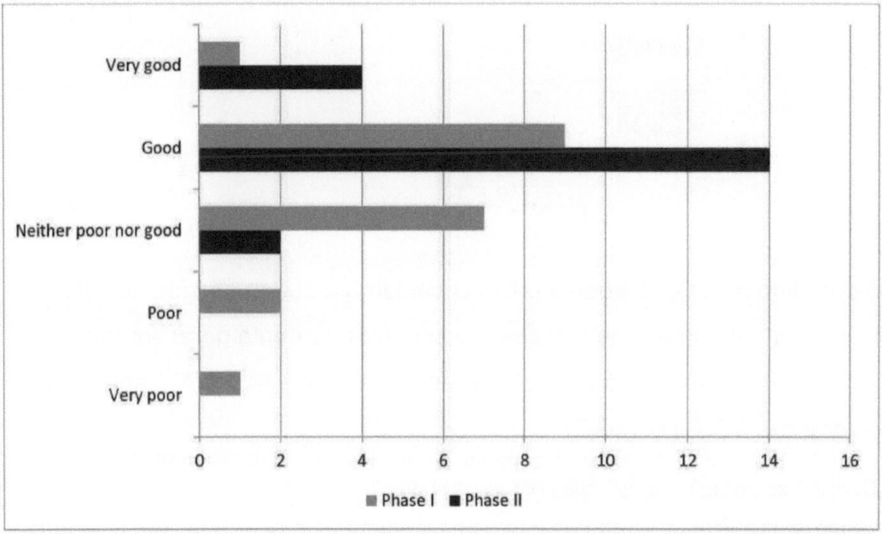

Antes de participarem no programa psico-educativo, nove das 20 pessoas consideravam a sua qualidade de vida "boa". Depois de participarem no programa, este número aumentou para 14. O número de pessoas que consideravam a sua qualidade de vida "muito boa" também aumentou. É de salientar que, após a participação no programa psico-educativo, ninguém considerou a sua qualidade de vida "má" ou "muito má".

O gráfico seguinte mostra os resultados da mesma pergunta, mas para o GC.

Gráfico 2- Resultados da Primeira Questão Geral de Qualidade de Vida (CG)

Como classificaria a sua qualidade de vida?

Grupo de controlo - n

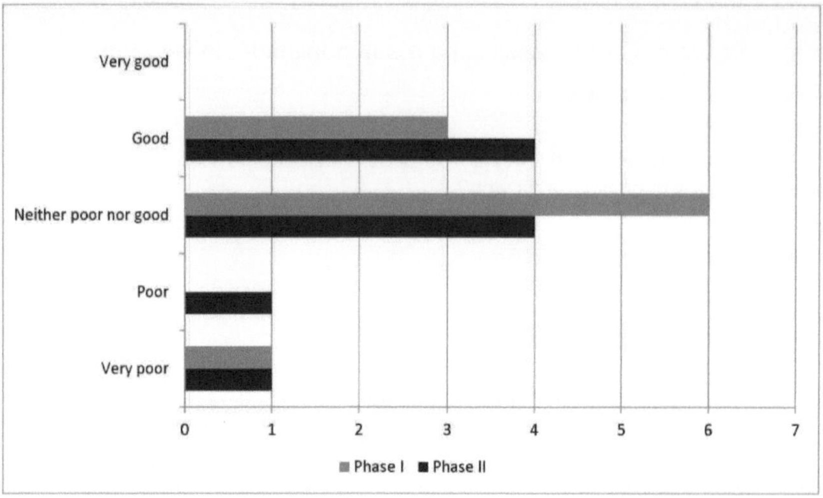

Ao contrário do TG, ninguém no GC considerou a sua qualidade de vida "muito boa". O número de respostas à segunda pergunta geral sobre a qualidade de vida: "Quão satisfeito(a) está com a sua saúde?" é apresentado nos gráficos 3 (TG) e 4 (GC).

Gráfico 3 - Resultados da segunda pergunta geral sobre qualidade de vida (TG)

Qual é o seu grau de satisfação com a sua saúde?

Grupo de teste - n

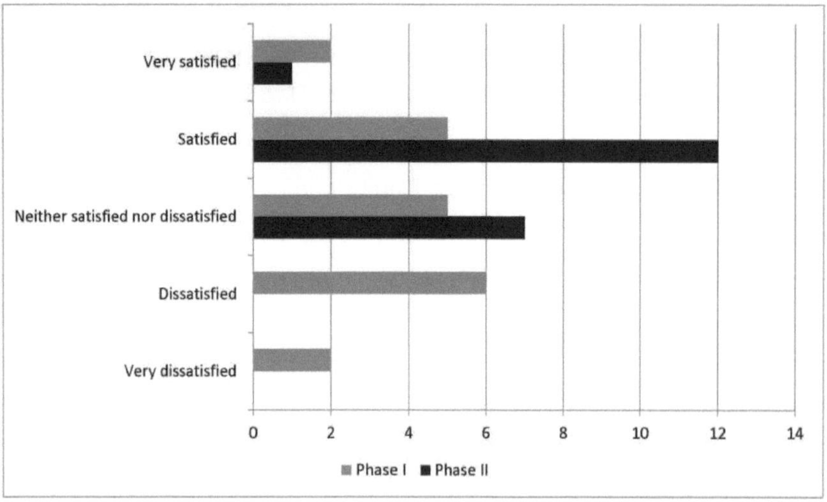

É de salientar que o número de pessoas "satisfeitas" com a sua saúde aumentou de cinco para 12. Depois de frequentar o programa psico-educativo, ninguém ficou "insatisfeito" ou "muito insatisfeito" com a sua saúde.

Gráfico 4 - Resultados da Segunda Pergunta Geral de Qualidade de Vida (CG)

Qual é o seu grau de satisfação com a sua saúde?
Grupo de controlo - n

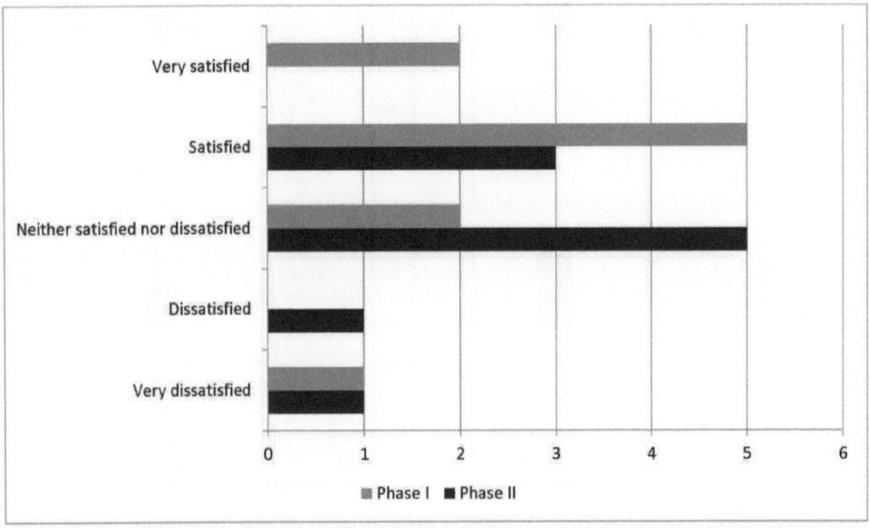

Na Fase II, ninguém no GC estava "muito satisfeito" com a sua saúde. O número de respostas dos que estavam "satisfeitos" com a sua saúde entre as Fases I e II, diminuiu de cinco para três.

A avaliação do impacto do programa psicoeducativo nos quatro domínios do WHOQOL-bref será apresentada a seguir, e os valores serão mostrados para antes e depois da intervenção psicoeducativa.

Foi aplicada a mesma escala a todos os gráficos, para que fossem comparáveis. Os Boxplots apresentam as medianas.

Fig. 1 - Valor mediano da pontuação total obtida em cada um dos quatro domínios do WHOQOL-bref, antes e após a aplicação do programa psicoeducativo. a. domínio físico: p = 0,00001 (teste t de Student), b. domínio psicológico: p = 0,00009 (Wilcoxon), c. domínio social: p = 0,00097 (Wilcoxon) e d. domínio ambiental: p = 0,00000 (teste t *de* Student). Os valores de p < 0,05 foram considerados estatisticamente significativos.

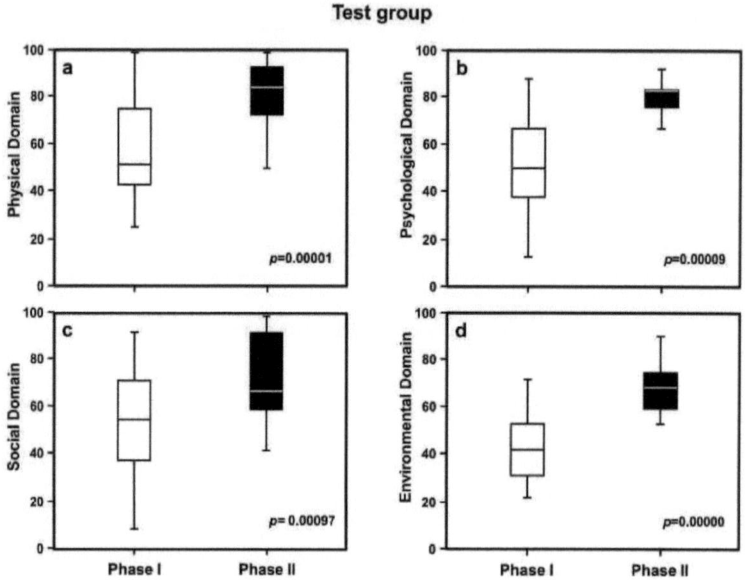

Fig. 2 - Valor mediano da pontuação total obtida em cada um dos quatro domínios do WHOQOL-bref (CT). a. domínio físico: p = 0,00083, b. domínio psicológico: p = 0,00043, c. domínio social: p = 0,00440, e d. domínio ambiental: p = 0,00372, com base no teste t *de* Student. Os valores de p < 0,05 foram considerados estatisticamente significativos.

Control group

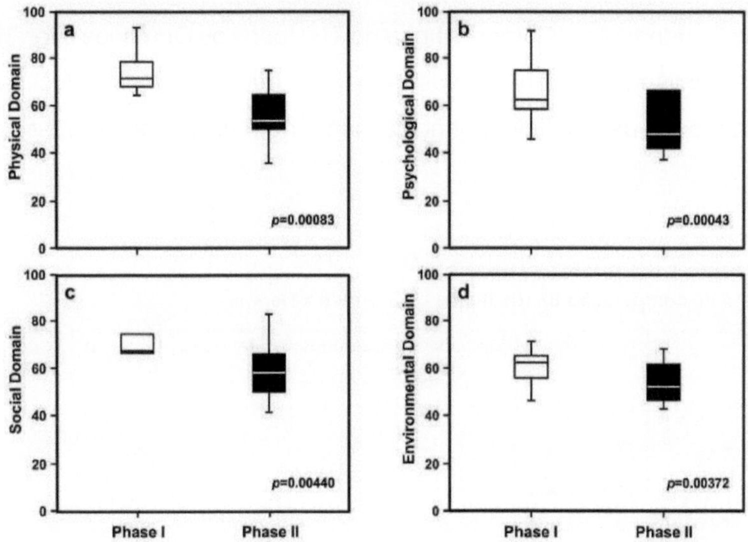

Os boxplots acima representam os quatro domínios do WHOQOL-bref para ambos os grupos nas Fases I e II.

De acordo com o sistema de pontuação descrito no WHOQOL-bref, observamos que no GT houve melhora da qualidade de vida nos quatro domínios (Fig. 1) e no GC houve piora da qualidade de vida nos quatro domínios (Fig. 2). De notar que, em todos os casos, se verificou uma diferença estatisticamente significativa entre os valores obtidos antes e depois da aplicação do programa.

Um total de 16 dos 20 participantes expressou o desejo de continuar as sessões psico-educativas após o término do programa psico-educativo.

Os gráficos seguintes apresentam o valor mediano das pontuações obtidas em cada domínio, numa escala de 0 a 100, de acordo com as instruções fornecidas pelo Grupo WHOQOL.

A Tabela 19 indica o Teste "t" de Student para a Comparação das Medianas das Amostras Dependentes. Comprova que no TG, todos os Domínios tiveram diferenças estatisticamente significativas. Houve um aumento significativo nas pontuações de todos os Domínios, principalmente no Psicológico (27,5) e no Físico (24,3).

Tabela 19 - Teste de comparação de medianas - TG (Antes x Depois)

Test Group		N	Median	Median Difference	Standard Deviation	Standard Error	t	p
PHYSICAL	Before	20	57.3	-24.3	18.4	4.1	- 5.91	0.000*
	After	20	81.6					
PSYCHOLOGICAL	Before	20	50.8	-27.5	15.6	3.5	- 7.88	0.000*
	After	20	78.3					
SOCIAL RELATIONS	Before	20	51.7	-19.6	19.7	4.4	- 4.44	0.000*
	After	20	71.3					
ENVIRONMENT	Before	20	43.6	-23.8	16.6	3.7	- 6.41	0.000*
	After	20	67.3					

* Diferença estatisticamente significativa ($p<0,05$)

A Tabela 20 representa o Teste "t" de Student para a Comparação das Medianas das Amostras Dependentes no GC. Verificaram-se diferenças estatisticamente significativas em todos os Domínios. Verificou-se um decréscimo nas pontuações de todos os Domínios, principalmente nos Domínios Físico e Psicológico.

Tabela 20 - Teste de comparação de medianas - GC (Antes x Depois)

Test Group		N	Median	Median Difference	Standard Deviation	Standard Error	t	p
PHYSICAL	Before	10	74.3	18.2	11.7	3.7	4.92	0.000*
	After	10	56.1					
PSYCHOLOGICAL	Before	10	66.7	15.4	9.0	2.8	5.41	0.000*
	After	10	51.3					
SOCIAL RELATIONS	Before	10	69.2	11.7	9.8	3.1	3.77	0.000*
	After	10	57.5					
ENVIRONMENT	Before	10	62.2	7.5	6.1	1.9	3.88	0.000*
	After	10	54.7					

* Diferença estatisticamente significativa (p<0,05)

Foi possível observar uma melhoria significativa na qualidade de vida dos cuidadores não profissionais, em todos os domínios.

5.4 Reprodutibilidade

O Teste "t" de Student para a Comparação das Medianas de Amostras Dependentes foi utilizado para comparar a Fase II com a Fase III. Não se observou diferença estatisticamente significativa em nenhum dos domínios, como mostra a Tabela 21.

Quadro 21 - Teste de comparação de medianas - Fase II x Fase III

Test Group		N	Median	Median Difference	Standard Deviation	Standard Error	t	p
PHYSICAL	Phase II	24	70.2	1.34	3.62	0.74	1.81	0.083
	Phase III	24	68.9					
PSYCHOLOGICAL	Phase II	24	66.0	1.74	7.05	1.44	1.21	0.24
	Phase III	24	64.2					
SOCIAL RELATIONS *	Phase II	24	64.6					
	Phase III	24	64.6					
ENVIRONMENT	Phase II	24	62.0	0.52	3.53	0.72	0.72	0.477
	Phase III	24	61.5					

* o teste não pôde ser aplicado porque o erro padrão das diferenças é 0

Participaram desta fase 14 sujeitos do TG e todos os sujeitos do GC. Os demais não puderam ser avaliados porque não houve intervalo de tempo entre as Fases II e III até a conclusão deste estudo. Onze participantes do GT pediram para continuar no programa psicológico entre as Fases II e III e apenas três não o fizeram, pois tiveram que retornar ao trabalho.

É importante referir que a Fase III foi implementada por um psicólogo colaborador que não tinha tido qualquer contacto prévio com os cuidadores não profissionais, de modo a evitar o enviesamento do investigador. Os resultados permitiram verificar a robustez do estudo.

Os resultados mostram que a intervenção psicoeducativa teve impacto na qualidade de vida dos cuidadores informais de doentes com GBM, especialmente nos domínios psicológico e físico.

Capítulo 6

6. DISCUSSÃO

6.1 Análise demográfica

A maioria dos participantes deste estudo era do sexo feminino (23). Os dados condizem com a descrição encontrada na literatura sobre o assunto, dizendo que o GBM pode ocorrer em qualquer idade, mas tende a ser mais comum em adultos, principalmente homens de 45 a 70 anos de idade; a proporção homem/mulher é de 3:2 (Davis & Preston-Martin, 1998; Kleihues et al., 2000; DeAngelis, 2001; McKinney, 2004). Este facto revela que a amostra foi composta maioritariamente por cuidadores não profissionais do sexo feminino, o que corrobora muitos estudos (Karsch, 1998; Gonçalves et al., 2000; Minchillo, 2000; Neri & Sommerhalder, 2002; Karsch, 2003; Laham, 2003; Martins et al., 2003; Sportello, 2003; Cattani & Girardon-Perlini, 2004; Euzebio, 2005; Fonseca & Penna, 2008).

Quanto ao grau de parentesco, nove dos cuidadores eram esposas dos pacientes, sete eram filhas, três eram filhos, quatro eram irmãs, duas eram mães, quatro eram maridos e uma era a nora. Um estudo realizado por Minchillo (2000) também mostrou uma maior incidência de esposas ou filhas na população de cuidadores.

Quanto ao nível de escolaridade, 19 dos prestadores de cuidados tinham concluído o ensino secundário ou superior, oito tinham concluído o ensino primário ou não tinham concluído o ensino superior, dois não tinham concluído o ensino primário e apenas um era analfabeto. Isto indica que a maioria dos cuidadores é capaz de compreender toda a informação transmitida, embora não seja possível excluir a influência de outros factores, como os psicológicos. No estudo de Golimbet & Trubnikov (2001), a escolaridade foi uma variável estatisticamente relacionada com o Domínio Psicológico e quanto maior o nível de escolaridade, maior a pontuação neste domínio. Vale a pena referir que o domínio psicológico é possivelmente aquele através do qual os aspectos subjectivos da qualidade de vida são mais expressos.

Um detalhe interessante na amostra foi a renda mensal dos sujeitos, que foi composta por oito pessoas que ganhavam menos de R$ 1.000,00, sete que ganhavam entre R$ 1.001,00 e R$ 2.000,00, doze entre R$ 2.001,00 e R$ 5.000,00 e três que ganhavam mais de R$ 5.001,00. Todas as pessoas que ganhavam menos de R$ 1.000,00 pertenciam ao TG. Mesmo tendo uma renda muito baixa e, portanto, maior dificuldade de acesso ao hospital, consideraram importante o programa psicológico.

6.2 Entrevista psicológica semi-estruturada

De acordo com Bleger (1983), a entrevista semi-estruturada em contexto hospitalar distingue-se pela sua facilidade de aplicação e flexibilidade, permitindo que os sujeitos expressem as suas emoções e opiniões da forma mais espontânea possível. Permite ainda a avaliação científica do conteúdo da entrevista, tanto de forma qualitativa como quantitativa, através de um esquema de categorização das respostas.

Durante a entrevista, os cuidadores não profissionais puderam descrever o início da doença. Os relatos mencionaram manifestações súbitas, como convulsões e dores de cabeça[1].

Quando a família recebeu o diagnóstico, tudo começou a acontecer rapidamente e o doente teve de ser submetido a uma cirurgia para remover o

---

[1] os fragmentos das entrevistas podem ser consultados no APÊNDICE D.

tumor cerebral o mais rapidamente possível.

Nessa altura, os prestadores de cuidados experimentaram a dificuldade de reconhecer que um membro da família tinha sido diagnosticado com cancro.

Como descrito anteriormente neste estudo, o doente e a sua família iniciaram um processo designado por luto antecipatório. Para os familiares, o luto antecipatório engloba as perdas relacionadas com a doença, a iminência da morte e a sobrecarga dos cuidadores (Kovacs, 2008).

A dificuldade não era apenas a de receber um diagnóstico de cancro, mas especificamente a de se tratar de um tumor cerebral maligno.

Os prestadores de cuidados também relataram as mudanças intensas nas suas vidas a partir do momento do diagnóstico. Essas mudanças incluíram o afastamento do trabalho. Foi possível perceber que grande parte dos cuidadores deixou o trabalho para poder cuidar de seus familiares que adoeceram, o que levou a um aumento do número daqueles que responderam "dona de casa" quando questionados sobre sua situação atual de trabalho.

A doença e o tratamento trouxeram limitações, que os doentes tentaram ultrapassar com a ajuda de quem vive com eles; no caso deste estudo, os cuidadores não profissionais. Estes cuidam da sua alimentação, atendem às suas necessidades de higiene, administram os medicamentos na hora certa e zelam pelo cumprimento da terapêutica.

Os doentes com tumores cerebrais enfrentam várias limitações devido a défices das funções cognitivas, tornando-se assim altamente dependentes dos prestadores de cuidados, que muitas vezes agem de forma excessivamente protetora, o que pode resultar na infantilização dos doentes.

No que diz respeito ao impacto psicossocial na família de um doente com tumor cerebral, os nossos resultados são corroborados pelo estudo de Fox & Lantz (1998), que refere um impacto grave nos cuidadores, sublinhando o fardo que estes sentem.

Sabe-se que, quando o prestador de cuidados é um membro da família, está sob stress durante todo o curso da doença (Bromberg, 1998).

Apesar desse fardo, muitos familiares declararam que se sentiam bem cuidando de seus entes queridos. Neri & Sommerhalder (2002) encontraram relatos sobre os benefícios de cuidar, como o sentimento de orgulho, a capacidade de enfrentar desafios, a gratidão e o crescimento pessoal. Outro estudo mostrou elementos gratificantes para os prestadores de cuidados, como a reciprocidade do amor, o desenvolvimento de novas competências e capacidades, ou a apreciação dos outros pelo trabalho efectuado (Brito, 2002).

Quase todos os prestadores de cuidados (29) referiram ter uma religião, embora alguns tenham dito que não a praticavam (14). A religião e as crenças religiosas estão relacionadas com o componente "fé" (Breitbart, 2004), que, por sua vez, está relacionado com a espiritualidade.

Religião, segundo o Dicionário Houaiss da Língua Portuguesa (2001), refere-se ao "culto a um poder considerado divino, crença em um poder sobrenatural como causa, finalidade ou lei universal; conjunto de crenças, valores e práticas baseadas nos ensinamentos de um líder espiritual, ou ainda, a expressão de tal crença através da prática de observâncias rituais sagradas" (p.2422).

Dentre todas as entrevistas avaliadas, apenas seis famílias tiveram conversas abertas em casa sobre a doença. Percebeu-se que as famílias tinham dificuldade em abordar esse assunto com o paciente.

O trabalho de prestação de cuidados também exige cuidados, para que as pessoas que o desempenham não se sintam sobrecarregadas e para que o trabalho não se torne um ónus ou traga sofrimento a quem cuida, comparável ao das pessoas de quem cuidam, como indica Osorio (2007).

Pereira & Lopes (2002) salientam que é cada vez mais importante que os profissionais de saúde avaliem e determinem as necessidades específicas da família de um doente oncológico, bem como a sua disponibilidade e competências para desempenhar a tarefa de prestação de cuidados. "As famílias nem sempre têm o conhecimento e o apoio que lhes permita prestar a ajuda necessária" (p. 80).

De acordo com Fox & Lantz (1998) e Lepola et al. (2001), os familiares necessitam de uma grande quantidade de informação para compreender a natureza da doença, aprender e investigar sobre o tratamento e os efeitos secundários. As intervenções psicoterapêuticas, individuais ou em grupo, são úteis para este fim, bem como para oferecer um espaço de expressão de sentimentos, de partilha de experiências relacionadas com a doença e onde se sintam acolhidos.

Lione (2008) refere que os cuidadores também precisam de tempo e espaço para se adaptarem e aceitarem a perda gradual da vida dos seus entes queridos. Segundo a mesma autora, salientar a relevância do ato de estar próximo da pessoa doente e mostrar o quanto ela é importante, não a deixando sentir-se só e desamparada, contribui para reduzir o sentimento de impotência por parte do cuidador.

6.3 Programa psico-educativo

O presente estudo, por meio do programa psicoeducativo, buscou analisar a qualidade de vida, em conjunto, do cuidador não profissional, além de criar condições favoráveis às manifestações emocionais, recursos adaptativos dos cuidadores, estratégias de enfrentamento da situação e fornecimento de informações e orientações.

Observou-se que, como o objetivo deste estudo era oferecer não só um espaço psicoterapêutico, mas também psicoeducativo, ele teve um efeito benéfico. Os cuidadores muitas vezes não perguntavam ao médico, não tiravam suas dúvidas porque o paciente estava presente na consulta e, temendo pela resposta, decidiam ficar em silêncio. Com o engajamento no Programa, sentiram-se seguros por saberem que, nesse caso, o psicólogo poderia ser um importante meio de comunicação. Isso vai ao encontro de Costa Neto (1998), que afirma ser importante para a família ter uma pessoa na equipe que possa ser uma referência para ela, a quem possa recorrer quando sentir necessidade, e o psicólogo é essa pessoa. Tal como defende Carvalho (2008), o psico-oncologista deve ser o facilitador entre o doente, a família e a equipa profissional de saúde envolvida.

Após a participação no Programa Psicoeducativo, todos os cuidadores apresentaram um aumento na qualidade de vida, principalmente no domínio psicológico, como demonstrado através da Fig.1 e da Tabela 19.

Os nossos resultados corroboram a visão de Liberato & Carvalho (2008) que verificam que os métodos educativos e psicoterapêuticos, desde que devidamente implementados, podem contribuir para a melhoria da qualidade de vida dos doentes e dos seus cuidadores, bem como da equipa de saúde. Os autores têm vindo a observar que o domínio da comunicação é de extrema importância para a pessoa que enfrenta o cancro.

No entanto, no GC, a qualidade de vida piorou em todos os domínios (Fig. 2, Tabela 20). Este facto pode estar relacionado com a deterioração do estado de saúde da pessoa amada devido à progressão natural da doença ao longo do tempo, que é percepcionada pelo cuidador, e também por uma escalada da sobrecarga sentida.

Verificou-se que não houve diferença entre a Fase II e a Fase III, o que indica que as respostas dadas pelos prestadores de cuidados não sofreram efeitos de enviesamento relacionados com o entrevistador. Pelo contrário, as respostas reflectem a perceção que os cuidadores têm da sua qualidade de vida (Tabela 21). É importante ressaltar que não houve diferença estatisticamente significativa entre a Fase II e a Fase III, uma vez que a maioria dos participantes solicitou a continuidade do atendimento psicológico, mesmo após a conclusão do Programa Psicoeducativo, fundamentando tal resultado.

As análises efectuadas permitem afirmar que os cuidados psico-educativos parecem ser valiosos para orientar e informar, reduzindo o stress causado pela doença e sancionando uma melhoria no bem-estar e na qualidade de vida do familiar cuidador. Este último experimenta o sentimento de perda iminente, o desgaste físico e psicológico e, muitas vezes, acaba por esquecer e ignorar os seus próprios problemas e partilhar os mesmos medos e angústias que o ente querido.

Capítulo 7

7. CONCLUSÕES

O impacto da intervenção com o instrumento de qualidade de vida WHOQOL-bref resultou nas seguintes conclusões:

1. Verificou-se uma melhoria significativa da qualidade de vida em todos os domínios do WHOQOL-bref.
2. O WHOQOL-bref apresentou um elevado coeficiente de fiabilidade quando aplicado a esta amostra.
3. O programa psico-educativo:
   3.1. Orientados e informados;
   3.2. Minimizar o stress causado pela doença;
   3.3. Ofereceu uma forma de o prestador de cuidados comunicar com o doente;
   3.4. Fazer com que os prestadores de cuidados se sintam bem-vindos.

Capítulo 8

8. APÊNDICES

APÊNDICE A

ENTREVISTA PSICOLÓGICA SEMI-ESTRUTURADA FASE I

GUIÃO DE ENTREVISTA (FASE I) - GRUPO DE TESTE

INFORMAÇÕES PESSOAIS

Nome: ____

Endereço: ____

Número de telefone: ___________ **Idade:** _____ **Data de nascimento:** _____

Cuidador de: ____

Género: Masculino (1) _____Feminino (2) _____

Estado civil: Solteiro (1) _____Casado (2) _____Separado/Divorciado (3) _____Vivendo juntos (4) _____ Viúvo (5) _____Outro (6) _____

Nível de escolaridade: Analfabeto (1) _____ Ensino Primário Incompleto (2) _____ Ensino Básico (3) _____ Ensino Secundário Incompleto (4) _____ Grau de Ensino Secundário (5) _____ Ensino Secundário Incompleto (6) _____ Grau de Ensino Secundário (7) _____ Ensino Superior Incompleto (8) _____ Grau de Ensino Superior (9) _____

Etnia: Caucasiano (1) _____Afro-brasileiro (2) _____ Indiano (3) Mestiço (4) _____Asiático (5) _____Outro (6) _____

Religião: Católica (1) _____Protestante (2) _____Judaica (3) _____ Espiritualista (4) _____Outro (5) _____Ateu (6) _____ Evangélico (7) _____

Praticar: Sim (1) _____Não (2) _____

Emprego mais antigo: ______________________________________

Situação profissional atual:

Empregado (1) _____Autônomo (2) _____ Licença médica (3)

_____Desempregado (4) _____Estudante (5) _____Dona de casa (6)

____Reformado (7) _____Informal (8) _____

Renda mensal: R$ _______________

1. Qual é a sua relação com o doente?
2. Como é que se tornou o prestador de cuidados? Desde quando? Porquê?
3. Qual foi a sua reação quando soube que o doente estava doente?
4. O que pensas sobre esta doença?
5. Como prestador de cuidados, mudou alguma coisa na sua vida? O que é que mudou e como?
6. Como é que cuida do doente?
7. Como é que se sente ao realizar esta tarefa? Que sentimentos surgem quando se cuida de uma pessoa doente?
8. Fala sobre a doença em casa?
9. Se a resposta anterior for negativa, gostaria de ter esta conversa?
10. Em caso afirmativo, como é que gostaria que fosse esta conversa?
11. Diga uma palavra que represente a forma como a sua vida tem sido desde que se tornou prestador de cuidados.

GUIÃO DE ENTREVISTA (FASE I) - GRUPO DE CONTROLO

INFORMAÇÕES PESSOAIS

Nome: ____

Endereço: ____

Número de telefone: _____ **Idade:** _____ **Data de nascimento:** _____

Cuidador de: ____

Género: Masculino (1) _____Feminino (2) _____

Estado civil:

Solteiro (1) _____Casado (2) _____ Separado/Divorciado (3) _____Vivendo juntos (4) _____Viúvo (5) _____Outro (6) _____

Nível de ensino:

Analfabeto (1) _____Ensino fundamental incompleto (2) _____Ensino fundamental completo (3) _____Ensino médio incompleto (4) _____Ensino médio completo (5) _____Ensino médio incompleto (6) _____Ensino médio completo (7) _____Ensino superior incompleto (8) _____Ensino superior completo (9) _____

Etnia:

Caucasiano (1) _____ Afro-brasileiro (2) _____ Índio (3) _____Mestiço (4) _____Asiático (5) _____ Outro (6) _____

Religião: Católica (1) _____Protestante (2) _____ Judaica (3) _____Espiritualista (4) Outra (5) _____ Ateia (6) _____ Evangélica (7) _____

Praticar: Sim (1) _____Não (2)

Emprego mais antigo: ____

Situação profissional atual:

Empregado (1) _____Empregado (2) _____Licença médica (3) _____Desempregado (4)

_____ Estudante (5) ______ Dona de casa (6) _____ Reformado (7) _____Informal (8)

Renda mensal: R$ _______________

1. Qual é a sua relação com o doente?
2. Como é que se tornou o prestador de cuidados? Desde quando? Porquê?
3. Qual foi a sua reação quando soube que o doente estava doente?
4. O que pensas sobre esta doença?
5. Como prestador de cuidados, mudou alguma coisa na sua vida? O que é que mudou e como?
6. Como é que cuida do doente?
7. Como é que se sente ao realizar esta tarefa? Que sentimentos surgem quando se cuida de uma pessoa doente?
8. Fala sobre a doença em casa?
9. Se a resposta anterior for negativa, gostaria de ter esta conversa?
10. Em caso afirmativo, como é que gostaria que fosse esta conversa?
11. Diga uma palavra que represente a forma como a sua vida tem sido desde que se tornou prestador de cuidados.

APÊNDICE B

INSTRUMENTO DE AVALIAÇÃO DA QUALIDADE DE VIDA

WHOQOL-bref

Instruções

Este questionário é utilizado para avaliar como se sente em relação à sua qualidade de vida, saúde e outros aspectos da sua vida. **Por favor, responda a todas as perguntas.** Se não tiver a certeza de como responder a uma pergunta, escolha a que lhe parecer mais adequada. Muitas vezes, esta pode ser a sua primeira resposta.

Por favor, tenha em conta os seus valores, esperanças, prazeres e preocupações. Perguntamos-lhe o que pensa sobre a sua vida, com base nas **duas últimas semanas.** Por exemplo, pensando nas últimas duas semanas, uma pergunta poderia ser:

	Not at all	Not much	Moderately	A great deal	Completely
Do you get the kind of support from others that you need?	1	2	3	4	5

Deve assinalar com um círculo o número que melhor corresponde ao apoio que recebeu dos outros nas últimas duas semanas. Por conseguinte, deve fazer um círculo à volta do número 4 se tiver recebido "muito" apoio dos outros, como se segue.

	not at all	not much	moderately	a great deal	completely
Do you get the kind of support from others that you need?	1	2	3	(4)	5

Deve assinalar com um círculo o número 1 se não recebeu qualquer apoio dos outros nas últimas duas semanas.

Leia cada pergunta, avalie os seus sentimentos e assinale com um círculo o número correspondente à melhor resposta para si.

		very poor	Poor	neither poor nor good	good	very good
1	How would you rate your quality of life?	1	2	3	4	5

		very dissatisfied	dissatisfied	neither satisfied nor dissatisfied	satisfied	very satisfied
2	How satisfied are you with your health?	1	2	3	4	5

As perguntas seguintes questionam o quanto experimentou determinadas coisas nas últimas duas semanas.

		not at all	a little	a moderate amount	very much	an extreme amount
3	To what extent do you feel that your physical pain prevents you from doing what you need to do?	1	2	3	4	5
4	How much do you need any medical treatment to function in your daily life?	1	2	3	4	5
5	How much do you enjoy life?	1	2	3	4	5
6	To what extent do you feel your life to be meaningful?	1	2	3	4	5
7	How well are you able to concentrate?	1	2	3	4	5
8	How safe do you feel in your daily life?	1	2	3	4	5
9	How healthy is your physical environment (climate, noise, pollution, attractions)?	1	2	3	4	5

As perguntas que se seguem referem-se ao grau em que experimentou ou foi capaz de fazer determinadas coisas nas últimas duas semanas.

		not at all	a little	moderately	mostly	completely
10	Do you have enough energy for everyday life?	1	2	3	4	5
11	Are you able to accept your bodily appearance?	1	2	3	4	5
12	Have you enough money to meet your needs?	1	2	3	4	5
13	How available to you is the information that you need in your day-to-day life?	1	2	3	4	5
14	To what extent do you have the opportunity for leisure activities?	1	2	3	4	5

As perguntas que se seguem referem-se ao seu grau de bem-estar ou satisfação relativamente a vários aspectos da sua vida nas últimas duas semanas.

		very poor	poor	neither poor nor well	well	very well
15	How well are you able to get around?	1	2	3	4	5

		very dissatisfied	dissatisfied	neither satisfied nor dissatisfied	satisfied	very satisfied
16	How satisfied are you with your sleep?	1	2	3	4	5
17	How satisfied are you with your ability to perform your daily living activities?	1	2	3	4	5

18	How satisfied are you with your capacity for work?	1	2	3	4	5
19	How satisfied are you with yourself?	1	2	3	4	5
20	How satisfied are you with your personal relationships (friends, relatives, colleagues)?	1	2	3	4	5
21	How satisfied are you with your sex life?	1	2	3	4	5
22	How satisfied are you with the support you get from your friends?	1	2	3	4	5
23	How satisfied are you with the conditions of your living place?	1	2	3	4	5
24	How satisfied are you with your access to health services?	1	2	3	4	5
25	How satisfied are you with your means of transportatio n?	1	2	3	4	5

A pergunta seguinte refere-se à frequência com que sentiu ou experimentou determinadas coisas nas últimas duas semanas.

		never	seldom	quite often	very often	always
26	How often do you have negative feelings such as blue mood, despair, anxiety, depression?	1	2	3	4	5

Alguém o ajudou a preencher este formulário? ________________

Quanto tempo demorou a preencher este formulário? ____________

Tem algum comentário sobre este formulário?

OBRIGADO PELA VOSSA AJUDA

APÊNDICE C

ENTREVISTA PSICOLÓGICA SEMI-ESTRUTURADA FASE II

GUIÃO DE ENTREVISTA (FASE II) - GRUPO DE TESTE

1. Como é que tem estado nestes últimos meses?
2. Registaram-se algumas alterações após a intervenção psicoeducativa? Se a resposta for positiva, quais?
3. Notou alguma alteração na sua relação com o paciente após a intervenção psicoeducativa?
4. Surgiu alguma dificuldade para si?
5. Continua a ter dificuldades?
6. Como se sente hoje em relação aos cuidados a ter?
7. Fala sobre a doença em casa?
8. No caso de a resposta anterior ser negativa, gostaria de ter esta conversa?
9. Em caso afirmativo, como é que gostaria que fosse esta conversa?
10. Tem alguma sugestão relativamente à assistência psicológica?
11. Descreva numa palavra a experiência de ter participado nas intervenções psico-educativas.

GUIÃO DE ENTREVISTA (FASE II) - GRUPO DE CONTROLO

1. Como é que tem estado nestes últimos meses?
2. Registou-se alguma alteração nestes meses? Se a resposta for positiva, quais?
3. Notou alguma alteração na sua relação com o doente nos últimos meses?
4. Surgiu alguma dificuldade para si?
5. Continua a ter dificuldades?
6. Como se sente hoje em relação aos cuidados a ter?
7. Fala sobre a doença em casa?
8. No caso de a resposta anterior ser negativa, gostaria de ter esta conversa?
9. Em caso afirmativo, como é que gostaria que fosse esta conversa?
10. Que tipo de assistência, para além da que está a ser oferecida, considera necessária?
11. Descreve numa palavra a experiência que tiveste neste período de tempo.

APÊNDICE D

FRAGMENTOS DAS ENTREVISTAS UTILIZADOS NAS ANÁLISES

Início da doença "Devido à convulsão que ele teve. Ele teve uma convulsão e levámo-lo ao médico" (Samantha[II], esposa).

"Ele tem tido muitas dores de cabeça nos últimos dois meses, não tem?" (Maura, filha).

"... e depois, no mês passado, começou a ter uma ligeira dor de cabeça que foi ficando mais forte e teve uma convulsão nos últimos dias" (Diana, esposa).

"Ele tinha uma dor de cabeça. Pensei que ele estava a ter um AVC" (Roberta, filha).

Após o diagnóstico

"Chegámos aqui, o médico pediu uma TAC e descobriu que ele tinha um tumor, e assim, foi uma coisa, e ele nunca mais saiu daqui. foi internado, operado logo, é muito difícil, foi muito difícil" (Roberta, filha).

"Foi quando soubemos, depois a operação foi marcada e ele foi operado" (Diana, esposa).

"E quando verificaram que já era um tumor, ele foi internado no hospital e foi operado" (Samantha, esposa).

"Foi um choque, ela não é uma pessoa que adoeça com frequência, e foi um choque. Num dia, soube que ela tinha cancro, por isso nem tive tempo de me preparar" (Armando, marido).

A dificuldade de receber um diagnóstico de cancro

"Ah, a primeira coisa, quando soube que ele estava doente, comecei a chorar" (Roberta, filha).

"Caí no chão... Caí no chão... Fiquei de rastos" (Mariana, esposa).

"Eu estava perturbado, sabe? Foi difícil, no início foi difícil, continua a ser difícil. E depois houve aquela altura em que o médico disse que o cancro dele era muito agressivo, que ele podia ter seis meses de vida, menos, mais, oh meu Deus, foi ainda mais difícil nessa altura" (Vanda, irmã).

"Estou fora de mim, até agora. Não há explicação" (Mariangela, filha).

[II] Os nomes aqui apresentados foram alterados para proteger a privacidade dos participantes

"Foi chocante. A minha família desmoronou-se" (Samantha, esposa).

"Eu era uma desgraçada" (Tânia, esposa).

"Foi um choque muito grande para todos nós, não podíamos imaginar, sabe? Mesmo agora, ainda" (Maura, filha).

Presença de um tumor cerebral maligno

"No início, não sabia que existia este tipo de cancro, conhecemos o cancro do estômago, mas era um cancro neurológico..." (Armando, marido).

"Olha, aparentemente, de acordo com a TAC, parece ser um tumor maligno com um prognóstico muito mau. (disse o médico). Ah, mesmo que as pessoas digam que há esperança, eu sei que é grave, eu sei que a doença é muito grave" (Roberta, filha).

"Bem, eu pensei que ele tinha um tumor, e todos os tumores cerebrais são perigosos, não são? Mas não estava à espera que fosse tão grave". (Diana, esposa).

"E o resultado da ressonância magnética mostrou que ele tinha um tumor no cérebro. Disseram: só lhe resta um ano de vida." (Mariana, esposa).

"Nunca imaginei que fosse na cabeça" (Samantha, esposa).

"Doença ingrata, não consigo perceber porquê. Há tantos estudos. Eu nunca tinha visto um caso de crânio" (Valdeci, esposa).

"Não tem cura, estás a perceber?" (Gabriela, esposa).

Mudanças significativas na vida "Tudo mudou. Minha vida virou de cabeça para baixo. Tive que tomar conta de tudo" (Valdeci, esposa).

"Ah, doutor eu acho que tudo mudou para pior... Estou tão preocupada com tudo" (Aline, esposa).

"Tudo mudou porque ele já não pode sair sozinho. Não tem equilíbrio para andar na rua sozinho" (Cláudia, esposa).

"Ah, tudo muda, né? É difícil, eu tenho 2 filhos, tenho que tomar conta deles, eu tomo conta dela" (Armando, marido).

"Oh, mudou, sinto-me muito mais stressada, muito mais cansada." (Roberta, filha).

"Oh, mudou porque ele agora vive connosco e antes vivia no Rio" (Maura, filha).

Saída do emprego

"Só estamos nós dois aqui em São Paulo, né? Porque a família é da Bahia. Eu parei de trabalhar, deixei tudo para vir para cá". (Vanda, irmã).

"Eu perdi o meu emprego. Porque eu falei com a minha empregada, porque eu trabalhava aos sábados e feriados também, e ela disse que não dava mais" (Mariangela, filha).

"Bem, eu trabalhava, depois tive de deixar o meu trabalho, porque a minha irmã tomava conta do meu irmão. tinha leucemia e foi tratada aqui neste hospital. depois tive de deixar o meu trabalho para tomar conta dela" (Sofia, filha).

Cuidados "Eu tratei dos medicamentos... há ali um saquinho com o que ela tem de tomar..." (Armando, marido).

"Eu é que decido o que é que ele vai comer" (Cláudia, esposa).

"Também administro os medicamentos na altura certa" (Diana, esposa).

"Eu levo-o às consultas médicas. Trato das coisas que ele precisa" (Vanda, irmã).

"Cozinho, limpo a casa, administro os medicamentos". (Tânia, esposa).

"Ponho o despertador a tocar, o alarme do telemóvel para saber quando está na hora dos medicamentos" (Valdeci, esposa).

"Eu ajudo-o a sentar-se na cadeira para tomar banho" (Mariangela, filha).

Comportamento de superproteção

"Senti-me como se quisesse proteger. Que sentimento é esse? Acho que é um cuidado superprotector. Eu estou sempre em cima, e a gente acaba superprotegendo. é como se ele fosse meu filho agora." (Roberta, filha).

"Uma super mãe. Cuido dele como se fosse o meu bibelot, dou-lhe mimos, ele é totalmente dependente de mim." (Mariana, esposa).

"Oh, sinto que ele é um filho para mim" (Vanda, irmã).

"Tratamo-lo como um bebé, porque agora é um filho, não é? É um bebé" (Gabriela, esposa).

Carga sentida pelos prestadores de cuidados "Tive de assumir o controlo de tudo, ele ajudava-me muito. Ele geria a agência imobiliária e, de repente, tenho de ser eu a fazer tudo... Não me posso dar ao luxo de parar para pensar como me sinto, como estou, há demasiadas coisas para fazer" (Valdeci, esposa).

"É uma responsabilidade demasiado grande. Sinto que tudo o que faço por ele é muito pouco, percebes?" (Roberta, filha).

"É mais trabalhoso, eu tomo conta dele, limpo a casa e tudo por minha conta e tenho de cozinhar" (Tânia, mulher).

"É difícil, tenho dois filhos e tenho de tomar conta deles, eu tomo conta dela. Também trabalho como freelancer, não há muitas oportunidades de emprego, e é preciso conciliar o trabalho com os cuidados, por isso estamos sempre com pressa, todo o dia com pressa." (Armando, marido).

Sentir-se bem por se preocupar

"Amo-o profundamente, sinto-me muito bem a cuidar dele. Eu gosto" (Vanda, irmã).

"Sinto-me assim, com o maior amor do mundo, sabendo que vou ser recompensada daqui para a frente, para melhor" (Mariana, esposa).

"Não sinto que seja uma obrigação para mim. Faço-o com amor e é um prazer" (Samantha, esposa).

"Gosto de amamentar". (Tânia, esposa).

"Oh, eu cuido dele como se fosse uma joia preciosa". (Mariangela, filha).

"Oh, sinto-me bem. Porque acho que tenho de o fazer enquanto ele ainda cá está, não é? Bem, eu até posso ir primeiro, porque nunca se sabe, mas eu pus o meu coração nisso." (Sofia, filha).

Fé e crenças religiosas "... a solução que eu vejo e muita fé na solução, no resultado" (Cláudia, esposa).

". Eu acredito em Deus, eu acredito em milagres". (Roberta, filha).

"Se vivermos cada dia da maneira que Deus quer que vivamos, estaremos bem". (Mariangela, filha).

"Graças a Deus. Tento controlar-me, rezo a Deus, à religião, nunca tive apoio psicológico"

(Armando, marido).

"E depois Deus dá-te força" (Tânia, esposa).

"Mas Deus é tão grande, não é? Os seis meses que ele tinha transformaram-se num ano, que se transformou em dois anos, que está a ir para o terceiro e mais" (Samantha, esposa).

"Toda a família está a rezar e eu tenho de acreditar naquilo em que acredito. Sim, só confiando em Deus e no Espírito Santo, porque para Deus nada é impossível. Veja, ele pode ser um paciente terminal, mas se for da vontade de Deus, ele vai voltar" (Mariana, esposa).

Dificuldade de comunicação

"Não falo com ele sobre a doença" (Aline, esposa).

"Não. Eu disse-lhe que a coisa era séria. Ele diz-me que quer ir embora e eu digo-lhe que é grave, que não deve ir embora, mas depois ele diz: deixa-me" (Tânia, esposa).

"Não, não com ele assim. É difícil porque não gosto de lhe estar a lembrar coisas." (Samantha, esposa).

"Não. Eu não falo com ele sobre isso, apenas lhe digo que ele vai conseguir, para aumentar a sua autoestima, e assim ele não fica triste." (Diana, esposa).

"Muito pouco, um pouco, muito pouco. Quando eu tento falar, ele muda de assunto e quando ele tenta falar, eu mudo de assunto. Eu não sei se vou conseguir ter essa conversa sobre a doença." (Roberta, filha).

"Ah, eu procuro não falar muito sobre esse assunto, pra distrair a mente. Senão a gente só pensa naquilo, naquela coisa, naquele assunto, pesquisando leva a mais preocupações, ansiedade pra mim, pra mim" (Cláudia, esposa).

Quando se pediu ao cuidador não profissional para descrever, numa palavra, a sua vida desde que se tornou prestador de cuidados, algumas das respostas foram "chato", "tristeza", "triste", "abismo", "difícil", "problema", "loucura", "bagunça", "atenção", "bênção", "útil", "satisfatório", "carinhoso" e "amor".

Intervenções psico-educativas

"O atendimento psicológico tem muito a oferecer. Estou muito agradecida" (Roberta, filha).

"Obrigado por me ter ouvido" (Mariana, esposa).

"Os familiares têm de ter alguém com quem falar" (Vanda, irmã).

"Nunca tive apoio psicológico e estou contente por o ter agora" (Armando, marido).

"Muito obrigada. Eu devia vir mais vezes, porque não me sinto à vontade para falar com outras pessoas, seria ótimo poder falar convosco" (Mariangela, filha).

"Agradeço-vos, foi muito bom vir aqui, precisava de chorar, de desabafar. Precisava de o fazer. Precisava disso para poder respirar e seguir em frente, e não há ninguém com quem possa falar... Vim aqui, chorei, era exatamente o que eu precisava, foi um alívio, e, graças a Deus, e sabendo que tenho uma pessoa de confiança com quem falar, vou conseguir ir à próxima consulta. que alívio" (Gabriela, esposa).

"Sim. Lembras-te do outro dia em que vim cá, não te lembras? Parece que me abro e sinto-me logo mais leve, não é? Sinto-me mesmo mais leve, mesmo a cantar, não é?" (Tânia, esposa).

"Sim, é isso mesmo! Vale mesmo a pena. As pessoas perguntam se vale a pena? Eu digo: sim, vale!" (Isis, mãe).

"Olha, foi bom, eu me senti mais feliz, eu vim aqui para conversar, porque eu nem saio mais de casa. Mas olha, é verdade, é verdade, foi muito bom vir aqui" (Aline, esposa).

"Olha, eu gostei, sabes?" (Laura, filha).

"Oh, é muito útil vir aqui, meu Deus, sinto-me, acho eu, mais animado para ir para casa. De facto. É bom. A gente acaba sempre por aprender outras coisas, não só sobre o meu caso, há outros" (Samantha, esposa).

"Agradeço esta ajuda que estão a oferecer, este apoio. Ontem o meu filho perguntou-me se era mesmo necessário eu vir aqui e eu disse que sim. Eu tenho o direito de tomar conta das minhas coisas, da minha vida. Ah, por exemplo, eu não posso ir para a minha família, para a minha sobrinha, para a minha irmã e falar com eles como eu estou falando com vocês aqui" (Márcia, esposa).

REFERÊNCIAS

Atlas SW. *Magnetic resonance imaging of the brain and spine.* 3rd ed. Philadelphia: Williams and Wilkins; 2002.

Berg G; Blomquist E; Cavallin-Stahl. A Systematic Overview of Radiation Therapy Effects in Brain Tumors (Uma visão geral sistemática dos efeitos da radioterapia em tumores cerebrais). *Ata Oncologica*. 2003;42:582-8.

Berger PC, Scheithauer BW. Tumores da neuroglia e do epitélio do plexo coroide. *In*: Tumores do sistema nervoso central. *AFIP Atlas of tumor pathology*: 1993: p. 25-161.

Bleger J. *Temas depsicologia:* entrevista e grupos. São Paulo: Martins Fontes; 1983.

Brada M, Thomas GT. Tumores do cérebro e da medula espinhal em adultos. In: Peckham M, Pinedo H, Veronesi U, editores. *Oxford textbook of oncology*. New York: Oxford Medical Publications; 1995. p.2063-94.

Breitbart W. Espiritualidade e sentido nos cuidados paliativos. In*:* Pessini L, Bertachini L, organizadores. *Humanizaçao e cuidados paliativos*. Sao Paulo: Ediçoes Loyola; 2004.

Brito L. *A saude metal dos prestadores de cuidados a familiares idosos*. Coimbra: Quarteto; 2002.

Bromberg MHPF. Cuidados paliativos para o paciente com câncer: uma proposta integrativa para equipe, pacientes e fam□ias. In: Carvalho MMMJ, organizador. *Resgatando o viver:* Psico-oncologia no Brasil. São Paulo: Summus; 1998.

Campos EMP. *A Psico-Oncologia:* uma nova visão do câncer - uma trajetória [livre-docência]. São Paulo: Instituto de Psicologia, Universidade de São Paulo; 2010.

Carvalho VA. Transtorno de ansiedade em pacientes com cancro. In: Carvalho VA; Franco MHP; Kovacs MJ; Liberato R; Macieira RC; Veit MT; Gomes MJB; Barros LH, organizadores. *Temas em Psico-Oncologia*. São Paulo: Summus; 2008. p. 257-70.

Cattani RB, Girardon-Perlini, NMO. Cuidar do idoso doente no domicílio na voz de cuidadores familiares. *Rev Eletron Enferm*. 2004;6:254-71.

Collins VP. Tumores cerebrais: classificação e genes. *J Neurol Neurosurg Psychiatry*. 2004;75(Suppl II):2-11.

Costa Neto SB. A psico-oncologia no serviço de cirurgia de cabeça e pescoço. In: Carvalho MMMJ (Organizador). *Resgatando o viver*: Psico-oncologia no Brasil. São Paulo: Summus; 1998.

Costa Torres W. As perdas do paciente terminal: o luto antecipatório. *Psicol Argum*. 2001;19:7-12.

Davies E, Clarke C. Early symptoms of brain tumours (sintomas precoces de tumores cerebrais). *J Neurol Neurosurg Psychiatry*. 2004;75:1205-6.

Davis F, Preston-Martin S. Epidemiologia, incidência e sobrevivência. In: Bigner DD, McLendon RE, Bruner JM, editores. *Russell & Rubinstein's pathology of tumours of the nervous system*. London: Arnold;1998. p.5-45.

DeAngelis LM. Tumores cerebrais. *N Engl J Med*. 2001; 344:114-23.

Doyle D, Hanks G; Mac Donald N. *Textbook of palliative care*. 2nd ed. Canadá: Oxford; 1999.

Durmaz R, Erken S, Arslantas A, Atasoy MA, Bal C, Tel E. Management of Glioblastoma Multiforme: with special reference to recurrence. *Clin Neurol Neurosurg*. 1999; 99: 117-123.

Euzebio CV. *O perfil do Cuidador Familiar do Paciente com Sequela de AVE* [dissertaçao]. Salvador: Universidade Catolica de Salvador; 2005.

Fayers PM. *Qualidade de vida*. Avaliação, análise e interpretação. Chichester: John Wiley; 2000.

Ferreira PE. Alguns pacientes especiais no hospital geral: o paciente oncológico. *Cad IPUB*. 1997; 6: 143-154.

Ferrell BR, Dow KH, Leigh S, Ly J, Gulasekaram P. Quality of life in long-term cancer survivors. *Oncol Nurs Forum*. 1995; 22:915-22.

Finlay JL, Boyett JM, Yates AJ, Wisoff JH, Milstein JM, Geyer JR, Bertolone SJ, McGuire P, Cherlow JM, Tefft M, Turski PA, Wara WM, Edwards M, Sutton LN, Berger MS, Epstein F, Ayers G, Allen JC, Packer RJ. Ensaio aleatório de fase III em astrocitoma de alto grau comparando vincristina, lomustina e prednisolona com o regime de oito fármacos em 1 dia. Children's Cancer Group. *J Clin Oncol*. 1995;13:112-13.

Fiorini H. *Teoria e Técnica de Psicoterapias.* Rio de Janeiro: Francisco Alves; 1991.

Fleck MPA, Leal OF, Louzada S, Xavier M, Chachamovich E, Vieira G, Santos L, Pinzon V. Desenvolvimento da versao em portugues do instrumento de avaliapao da qualidade de vida da OMS (WHOQOL-100). *Rev Bras Psiquiatria*. 1999;21;19-28.

Fleck MPA, Louzada S, Xavier M, Chachamovich E, Santos L, Pinzon V. Aplicacao da versao em portugues do instrumento abreviado de avaliapao de qualidade de vida "WHOQOL-bref". *Rev Saude Publica*. 2000;34:178-83.

Fonseca JP. *Luto Antecipatório*. As experiências pessoais, familiares e sociais diante de uma morte anunciada. Campinas: Editora Livro Pleno; 2004.

Fonseca NR, Penna AFG. Perfil do cuidador familiar do paciente com Sequela de acidente vascular encefálico. *Ciencia & Saude Col*. 2008; 13 (4): 1175-80.

Fox S. Use of a quality of life instrument to improve assessment of brain tumor patients in an outpatient setting. *J Neurosci Nurs*. 1998;30:322-5.

Fox S, Lantz C. A experiência do tumor cerebral e a qualidade de vida: um estudo qualitativo. *J Neurosci Nurs*. 1998;30:245-52.

Fox SW; Mitchell SA; Booth-Jones M. Cognitive Impairment in Patients with Brain Tumors: Assessment and Intervention in the Clinic Setting. *Clinical J Oncol Nurs*. 2006;10:169-76.

Franco MHP. Cuidados paliativos e assistência ao luto. In: Saiba mais sobre Luto. [citado 20 dez 2006]. Disponível em: http://www.4estacoes.com/pdf/cuidados paliativos.pdf

Franco MHP. A Fam῀ia em psico-oncologia. In: Carvalho VA; Franco MHP; Kovacs MJ; Liberato R; Macieira RC; Veit MT; Gomes MJB; Barros LH, organizadores. *Temas em Psico-Oncologia*. São Paulo: Summus; 2008. p. 358-61.

Gimenes MG. Definiçao, foco de estudo e intervençao. In: Carvalho MMMJ (Organizador) *Introduçao a psiconcologia*. Campinas: Editorial Psy; 1994.

Giovagnoli AR, Silvani A, Colombo E, Boiardi A. Facetas e factores determinantes da qualidade de vida em doentes com glioma de alto grau recorrente. *J Neurol Neurosurg Psychiatry*. 2005; 76 562-8.

Golimbet V, Trubnikov V. Evaluation of the dementia carees situation in Russia (Avaliação da situação dos cuidados de saúde na Rússia). *Int J Geriatr Psychiatry*. 2001;16:94-7.

Gonçalves LHT, Alvarez AM, Santos SMA. Os Cuidadores Leigos de Pessoas Idosas. *In:* Duarte YAO, Diogo MJD. *Atendimento domiciliar:* um enfoque gerontologico. São Paulo: Atheneu;2000. p.102-10.

Grant R. Overview: Brain Tumor Diagnosis and Management: Directrizes do Royal College of Physicians. *J Neurol Neurosurg Psychiatry*. 2004; 75 (Suppl II): S18-S23.

Gregor A, Cull A. Radioterapia para glioma maligno. *BMJ*. 1996;313:1500-1.

Heimans JJ, Taphoorn MJB. Impacto do tratamento de tumores cerebrais na qualidade de vida. *J Neurol*. 2002;249:955-60.

Holland JC. Progress and challenges in psychosocial and behavioral research in cancer in the Twentieth Century (Progressos e desafios na investigação psicossocial e comportamental do cancro no século XX). *Cancer*. 1991;67:767-73.

Holanda JC. História da psico-oncologia: superando atitudes e conceitos Barries. *Psychosomatic Med*. 2002;64:206-21.

Holanda EC. Glioblastoma multiforme: o terminador. *Proc Natl Acad Sci USA*. 2000;97:6242-4.

Houaiss A, Villar MS. Dicionario Houaiss da Imgua portuguesa. Rio de Janeiro: Objetiva; 2001.

Huang ME; Wartella J, Kreutzer J; Broaddus W; Lyckholm L. Functional outcomes and quality of life in patients with brain tumours: review of the literature. *Brain Injury*. 2001;15:843-56.

Sociedade Internacional de Psico-Oncologia (IPOS); 1998-2004. [citado 18 fev 2007]. Disponível em: http://www.ipos-society.org/index.htm

Karsch UMS. *Envelhecimento com dependência:* revelando cuidadores. São Paulo: Educ; 1998.

Karsch UM. Idosos dependentes: fam□ias e cuidadores. *Cadernos Saude Publica*. 2003;19:861-6.

Kleihues P, Ohgaki H. Glioblastomas primários e secundários: do conceito ao diagnóstico clínico. *Neuro Oncol*. 1999; 1: 44-51.

Kleihues P; Burger PC; Collins VP; Newcomb EW; Ohgaki H; Cavenee WK. Glioblastoma. *In*: Kleihues P, Cavenee WK, editores. *Organização Mundial de Saúde*

Classificação dos Tumores, Patologia e Genética dos Tumores do Sistema Nervoso Central. Lyon: IARC Press; 2000. p.6-69.

Kovacs MJ. *Morte e desenvolvimento humano.* São Paulo: Casa do Psicologo; 1992.

Kovacs MJ. *Educaçao para a morte*: temas e reflexoes. Sao Paulo: Casa do Psicologo; 2003a.

Kovacs MJ. *Educaçao para a morte*: desafio na formaçao de profissionais de saude e educaçao. Sao Paulo: Casa do Psicologo; 2003b.

Kovacs MJ. Aproximação da Morte. *In*: Carvalho VA; Franco MHP; Kovacs MJ; Liberato R; Macieira RC; Veit MT; Gomes MJB; Barros LH. (Orgs.) *Temas em Psico-Oncologia*. São Paulo: Summus; 2008. p. 388-97.

Kristjanson LJ, Aschcroft T. The family's cancer journey: a literature review. *Cancer Nurs*. 1994;17:1-17.

Kubler-Ross E. *Sobre a morte e o morrer.* O que os doentes terminais têm a ensinar a médicos, enfermeiras, religiosos e aos seus próprios familiares. 8ª ed. São Paulo: Martins Fontes; 1998.

Lahan CF. *Percepçao de perdas e ganhos subjetivos entre cuidadores de pacientes atendidos em um programa de assistencia domiciliar* [dissertacao]. Sao Paulo: Faculdade de Medicina, Universidade de São Paulo; 2003.

Lantos PL; Louis DN; Rosenblun MK, Kleihues P. Tumores do sistema nervoso. In: Graham DI, Lantos PL, editores. *Greenfields neuropathology*. 7th ed. Nova Iorque: Arnold Publishers; 2002. p.767-811.

Lepola T, Toljamo M, Aho R, Louet T. Being a brain tumor patient: a descriptive study of patient's experiences. *J Neurosci Nurs*. 2001;33:143.

LeShan L. *O cancro como ponto de mutaçao*. Um manual para pessoas com cancro, seus familiares e profissionais de saude. 4ª ed. Sao Paulo: Summus; 1992.

Liberato RP, Carvalho VA. Psicoterapia. In: Carvalho VA; Franco MHP; Kovacs MJ; Liberato R; Macieira RC; Veit MT; Gomes MJB; Barros LH,organizadores. *Temas em Psico-Oncologia*. São Paulo: Summus; 2008. p. 341-50.

Lindemann E. The symptomatology and management of acute grief. *Am J Psychiatry*. 1944;101:141-8.

Lione FR. Dor: aspectos médicos e psicológicos. In: Carvalho VA; Franco MHP; Kovacs MJ; Liberato R; Macieira RC; Veit MT; Gomes MJB; Barros LH, organizadores. *Temas em Psico-Oncologia*. São Paulo: Summus; 2008. p. 294-302.

Louis DN, Ohgaki H, Wiestler OD, Cavenee WK, Burger PC, Jouvet A, Scheithauer BW, Kleihues P. A Classificação da OMS de 2007 para os Tumores do Sistema Nervoso Central. *Ata Neuropathol*. 2007;114:97-109.

Manual Merck. Saude para a fam∏ia. Tumores do sistema nervoso. *In*: Disturbio do cerebro e dos nervos; 2006 [citado 12 out 2006]. Disponıvel em: http://www.msd-brazil.eom/msd43/m manual/mm sec6 79.htm

Martins LA. A interconsulta como instrumento da psiquiatria de hospitalização. Saude mental no hospital geral. *Cad IPUB*. 1997;6:33-44.

Martins T, Ribeiro JP, Garrett C. Estudo de Validaçao dos Questionários de Avaliaçao de Sobrecarga para Cuidadores informais. *Psicol Saude e Doenças*. 2003;4: 131-48.

McLendon RE; Enterline DS; Tien RD; Thorstad WL, Bruner JM. Tumores de origem neuroepitelial central. In: Bigner DD; McLendon RE; Bruner JM, editores. *Russel & Rubinstein's pathology of tumors of the nervous system*. London: Arnold; 308-571; 1998.

McKinney PA. Brain Tumours: incidence, survival and aetiology (Tumores cerebrais: incidência, sobrevivência e etiologia). *J Neurol Neurosurg Psychiatry*. 2004;75(Suppl II):S2-S17.

Minchillo ALC. Assistência domiciliar: cuidar do cuidador. *Rev Bras Homecare*. 2000;60:36.

Monteiro GTR, Koifman S. Mortalidade por tumores de cerebro no Brasil, 19801998. *Cad Saude Publica*. 2003;19:1139-51.

Instituto Nacional do Cancro. Tumores cerebrais do adulto: Tratamento. Tipos de tumor cerebral do adulto; 2005. [citado 18 fev 2007]. Disponível em: http://www.cancer.gov

Neri AL, Sommerhalder C. As varias faces do cuidado e do bem-estar do cuidador. In: Neri AL, organizador. *Cuidar de idosos no contexto da família:* questões psicológicas e sociais. Campinas: Almea; 2002. p. 9-63.

Ohgaki H, Kleihues P. Genetic pathways to primary and secondary glioblastoma (Vias genéticas para o glioblastoma primário e secundário). *Ame J Pathol*. 2007;170:1445-53.

Organização Mundial da Saúde. *Alívio da dor do cancro*. Genebra; 1990.

Organização Mundial da Saúde. Organização Mundial da Saúde. Cancro. *Cuidados Paliativos*; 2002. [citado 18 fev 2007]. Disponıvel em: http://www.who.int/cancer/palliative/en

Osborn AG. *Diagnostic neuroradiology.* St. Louis: Mosby; 1994.

Osório LC. *Grupoterapias:* abordagens atuais. Porto Alegre: Artmed Editora; 2007.

Pereira RA, Koifman S. Associaçao entre fatores da dieta e tumores de cerebro em adultos: uma revisao da literatura. *Cad Saude Publica*. 2001; 17:1313-34.

Pereira MG, Lopes C. *O doente oncológico e a sua fam*⌉*ia.* Lisboa: Climepsi Editores; 2002.

Peçanha DLN. Cancer: Recursos de enfrentamento na trajetoria da doença. In: Carvalho VA; Franco MHP; Kovacs MJ; Liberato R; Macieira RC; Veit MT; Gomes MJB; Barros LH, organ izadores. *Temas em Psico-Oncologia*. São Paulo: Summus; 2008. p. 209-17.

Prados MD; Berger MS; Wilson CB. Tumores primários do sistema nervoso central: avanços no conhecimento e no tratamento. *CA Cancer J Clin*. 1998;48:331-60.

Rabow MW; Hauser JM; Adams J. Supporting family caregivers at the end of life: "they don't know what they don't know". *JAMA*. 2004;291:483-91.

Rando TA, organizador. *Perda e luto antecipatório*. Massachusetts: Lexington Books; 1986.

Rando TA, organizador. *Clinical dimensions of anticipatory mourning (Dimensões clínicas do luto antecipatório)*. Illinois: Research Press; 2000.

Ries LAG; Hankey BF; Miller BA. Revisão das estatísticas do cancro 1973-1988. *Publicação do Instituto Nacional do Cancro*. 1991;NIH 91-2789:I31 VI 44.

Rivera LM. Transplante de células sangüíneas: seu impacto em uma família. *Semin Oncol Nurs*. 1997;13:194-9.

Rogers MP; Orav J; Black PM. The use of a simple Likert scale to measure quality of life in brain tumor patients. *J Neuro-Oncol*. 2001;55:121-31.

Rolland JS. Ajudando fam⊓ias com perdas antecipadas. *In:* Walsh F & McGoldrick M. *Morte na família*: sobrevivendo as perdas. Porto Alegre: ArtMed; 1998.

Sales C; Paiva L; Scandiuzzi D; Anjos AC. Qualidade de vida de mulheres tratadas de câncer de mama: funcionamento social. *Rev Bras Cancerol.* 2001;47:263-72.

Santos C, Sebastiani R. Acompanhamento psicológico a pessoa portadora de doença cronica. *In:* Angerami-Camon V; Chiattone H; Sebastiani R; Fongaro

ML; Santos C. *E a psicologia entrou no hospital*. São Paulo: Pioneira; 1996.

Santos CB; Carvalho SCA; Silva MFG; Fuentes D; Santana PA; Furlan AB; Aguiar PHP. Adaptação transcultural do questionário de dimensões de saúde de Innsbruck para pacientes neurocirúrgicos (IHD-NS). *Arq Neuropsiquiatr.* 2008; 66(3-B):698-701.

Saunders C. Prefácio. *In*: Doyle D; Hanks G, MC Donald N. *Oxford textbook of palliative care.* Oxford: Oxford University Press; 1993.

Saunders C, Sykes N, editores. *The management of terminal malignant disease*. 3rd ed. Londres: Hodder & Stoughton; 1993.

Silva MC, Aguiar PHP. Gliomas e qualidade de vida. *J Bras Neurocir.* 2006;17 : 61-6.

Silva MC, Miotto EC, Lucia MCS, Aguiar PHP. Investigaçao neuropsicologica pre-operatoria em pacientes com glioma de baixo grau. *J Bras Neurocir.* 2007;18:35-9.

Simonton OC; Simonton SM; Creighton J. *Com a vida de novo*. São Paulo: Summus; 1987.

Skevington SM; Lofty M; O'Connel KA. The World Health Organization's WHOQOL-bref quality of life assessment: psychometric properties and results of the international field trial. *Qual Life Res*. 2004;13:299-310.

Sportello EF. *Caracterizaçao das formas de vida e trabalho das cuidadoras familiares do Programa de Assistencia Domiciliaria do Hospital Universitario da Universidade de Sao Paulo* [dissertaçao]. São Paulo: Escola de Enfermagem, Universidade de São Paulo; 2003.

Stark AM; Nabavi A; Mehdorn HM; Blomer U. Glioblastoma Multiforme: relato de 267 casos tratados numa única instituição. *Surg Neurol.* 63:62-196; 2005.

Strang P. Cancer Pain: a provoker of emotional, social and existencial distress. *Ata Oncol.* 1998;37:641-4.

Tamburini M; Brunilli C; Rosso S; Ventadridda V. Prognostic value of quality of life scores in terminal cancer patients. *J Pain Symptom Manage.* 1996;11: 3241.

Tribius S. A expressão da proteína ATM está correlacionada com a radiorresistência em células primárias de glioblastoma em cultura. *Int J Radiot Oncol Biol Phys.* 2001;50:511-23.

Valle ERM. Vivencias da fam□ia da criança com câncer. *In*: Carvalho MMMJ, organizador. *Introduçao a psiconcologia*. Campinas: Editorial Psy; 1994. p. 219-42.

Veit T, Carvalho VA. Psico-Oncologia: definiçoes e área de atuaçao. In: Carvalho VA, Franco MHP, Kovacs MJ, Liberato R, Macieira RC, Veit MT, Gomes MJB, Barros LH, organizadores. *Temas em Psico-Oncologia*. São Paulo: Summus; 2008. p.15-9.

Ventafridda V, De Conno F, Ripamonti C, Gamba A, Tamburini M. Avaliação da qualidade de vida durante um programa de cuidados paliativos. *Ann Oncol.* 1990;16: 41520.

Verissimo DS, Valle ERM. A experiência vivida por pessoas com tumor cerebral e por seus familiares. *Psicol Argum.* 2006;24:45-57.

Walker MD, Strike TA, Sheline GE. Uma análise da relação dose-efeito na radioterapia de gliomas malignos. *Int J Radiat Oncol Biol Phys.* 1979;5: 1725-31.

Walsh D, Donnelly S, Rybicki L. The symptoms of advanced cancer: relationship to age, gender, and performance status in 1.000 patients. *Support Care Cancer.* 2000;8:175-9.

Grupo WHOQOL. The World Health Organization Quality of Life Assessment (WHOQOL): position paper from the World Health Organization. *Soc Sci Med.* 1995;41:1403-9.

OMS (Organização Mundial de Saúde). *WHOQOL-bref. Introdução, administração, pontuação e versão genérica da avaliação.* Versão de ensaio de campo: Genebra; 1996. [citado 12 fev 2007]. Disponível em: http://www.who.int/mental health/media/en/76.pdf

Wideheim A, Edvardsson T, Pahlson A, Ahlstrom G. A family's perspective on living with a highly malignant brain tumor. *Cancer Nurs.* 2002;25:236-44.

Wisoff JH; Boyett JM; Berger MS *et al*. Gestão neurocirúrgica atual e o impacto da extensão da ressecção no tratamento de gliomas malignos da infância: um relatório do Children's Cancer Group Trial n: CCG - 945. *J Neurosurg*. 1998; 89: 52-59.

Worden JW. *Terapia do luto*. Um manual para o profissional de saúde mental. 2ª ed. Porto Alegre: Artes Médicas; 1998.

Yin MLY, Oliveira MG. Relato de uma experiência psicoeducacional com familiares de portadores de transtornos do humor. *Rev Bras Ter Comp Cogn*. 2004;6:135-42.

MIX
Papier aus verantwortungsvollen Quellen
Paper from responsible sources
FSC® C105338

Printed by Books on Demand GmbH, Norderstedt / Germany